MAXIMILIEN PERRIN.

LE
MÉDECIN DE LA CITÉ

II.

PARIS.
LOCARD DAVI, ÉDITEUR,
29, RUE DE LA HUCHETTE.
MDCCCXLVI

LE MÉDECIN
DE LA CITÉ

Imprimerie Dondey-Dupré, rue Saint-Louis, 46, au Marais.

LE MÉDECIN
DE LA CITÉ

PAR

MAXIMILIEN PERRIN.

II

PARIS
LOCARD DAVI, ÉDITEUR,
29, rue de la Huchette.

1846

I.

Suite du précédent.

— Malheur! malheur et fatalité! s'était écrié Minard, demeuré seul dans sa chambre en donnant cours à sa douleur et à un affreux transport. Ainsi commence donc le châtiment que le ciel me réserve! reprit-il en se frappant le front; insensé! qui ayant oublié qu'il est un Dieu vengeur, croyait avec impunité jouir du fruit de ses crimes... Hélas ! mais ma pauvre fille est innocente et pure ! pourquoi la rendre victime du châtiment qu'a seul mérité son père ? Grâce ! grâce ! ô mon Dieu, pour ma Denise, et ne punissez que moi... Cher enfant ! pauvre fille ! que ta douleur sera cuisante ! que de larmes ton indigne père va te coûter !... Que faire ? quel moyen employer pour me soustraire à l'odieuse domination de cet homme que l'enfer confonde ?... Aucun ! aucun ! hélas ! et il me faut obéir ; déchirer le cœur de ma fille, la tuer enfin pour sauver ma tête ! Ah ! c'est affreux ! horrible ! s'écriait Minard, en versant un torrent de larmes, en cachant son visage dans ses deux mains. Oh ! si ! il existe un seul, reprend Minard en se ranimant, celui de poignarder ce Laridon ; de le tuer cette nuit même !... Mais non ! cent fois non ! ce moyen funeste ne me sauverait pas encore, car l'infâme n'a rien négligé, et cette dénonciation, cette preuve accusatrice, écrite de sa main, qu'on trouverait chez lui après sa mort, me perdrait inévitablement. Plus d'espoir donc ! il me faut obéir ; il me faut sacrifier mon enfant ! malheur, cent fois malheur !

Ces dernières paroles prononcées, le médecin tomba subitement dans un profond et muet affaissement, auquel Denise l'arracha en venant doucement s'assurer de l'état de sa santé.

— C'est toi, chère fille ? dit Minard en voyant Denise s'avancer à pas de loup vers le lit sur lequel il reposait tout habillé.

— Oui, mon père, comment vous portez-vous ?

— Mais, beaucoup mieux ! Il fait nuit, quelle heure est-il donc ?

— Bientôt neuf heures qui vont sonner à la Notre-Dame.

— Où sont nos amis, Antonin et la baronne de Courvale ?

— Les premiers, après votre accident, ont aussitôt regagné leur demeure, mais Antonin et sa mère sont en bas qui, avant de me quitter pour ne plus revenir que demain, désirent s'assurer de l'état de votre santé.

— Va les tranquilliser, mon enfant, et surtout ne les retiens que le moins possible afin de remonter au plus vite pour causer avec moi.

Denise, afin d'obéir à son père, rejoignit la baronne et son amant, à qui elle s'empressa de donner des nouvelles rassurantes sur la santé de Minard, puis après avoir passé encore quelques instants avec la mère et le fils et reçu d'eux un tendre baiser, le cœur serré elle les vit s'éloigner. Restée seule, la jolie fille, avant de remonter auprès de son père et se sentant au fond de l'âme une mélancolie profonde, se mit à verser quelques larmes, puis à murmurer douloureusement ces mots :

— Hélas ! qu'a donc mon cœur pour être triste à ce point ? d'où vient l'inquiétude qui l'agite, et quel malheur inattendu me présage-t-il ? O mon Dieu ! pitié pour nous, protégez-nous, sainte mère de Dieu, et je vous consacrerai le premier né de mes petits enfants.

Cette prière achevée, Denise s'élança sur la montée et rentra dans la chambre où elle trouva son père debout et en proie à une violente agitation.

— Denise, ma fille, ce soir nous sortirons ensemble, tu m'accompagneras, non loin d'ici, dans une visite que je dois faire, dit Minard à la jeune fille en la voyant rentrer.

— A une heure semblable, vous voulez sortir, bon père? mais ne redoutez-vous pas quelque mauvaise rencontre d'être attaqué par les assassins de la Cité, blessé par eux, peut-être, comme cela vous est malheureusement arrivé il y a six semaines?

— Rassure-toi, enfant, nous ne courrons aucun danger, d'ailleurs ne serai-je pas là pour te défendre?

— Hélas! d'où vient donc, bon père,

que vos yeux sont pleins de larmes! hélas! auriez-vous quelques peines, quelque chagrin secret que vous cachez à votre fille? oh! parlez, parlez, de grâce, hâtez-vous de dissiper l'horrible inquiétude où me plonge l'aspect de ces pleurs, dit Denise d'un ton suppliant en entourant le cou de son père de ses bras caressants.

— Denise, ne m'interroge pas ; demain tu connaîtras le secret qui déchire mon cœur, répondit Minard en sanglotant et en rendant à sa fille caresse pour caresse.

— Oh! je veux savoir tout de suite!…..

— N'insiste pas, chère fille, attends, attends !

En ce moment l'horloge de la cathédrale fit entendre la onzième heure de la nuit, et ce bruit, ce terrible avertissement fit bondir et frissonner le cœur de Minard, alors qui s'écria de l'accent du désespoir :

— Il le faut ! malédiction !

— Mon père ! mon bon père ! que se passe-t-il en vous ? quel affreux malheur est donc venu subitement troubler la paix de votre âme, vous causer ces larmes qui me désespèrent ?.. hélas ! je parierais que c'est l'entretien que vous avez eu avec ce vilain homme que je déteste, ce Laridon, qui vous chagrine ainsi.

— Denise, dispose-toi à m'accompagner, hâte-toi, il faut partir.

— J'obéis, mon père.

Cela dit, la jeune fille se retira pour aller couvrir sa tête d'un petit bonnet, ses épaules d'un mantelet, et ensuite revint rejoindre son père qui l'attendait dans la salle-basse où elle le retrouva encore plus agité et marchant à grands pas.

— Me voici à vos ordres, dit Denise avec tristesse.

— Partons! s'écria Minard, avec effort, en entraînant sa fille d'une main tremblante.

— Comme il fait noir, que les rues sont

désertes ; j'ai peur, mon père, murmura Denise en se pressant contre Minard.

— Pauvre enfant! soupira le médecin pour toute réponse, en entourrant la craintive jeune fille de son bras.

— Mon Dieu! où allons-nous donc ainsi?

— Au pont Saint-Michel.

Arrivés au but de leur course, Minard, à travers l'obscurité, distingua la voiture de Laridon, arrêtée sur le quai et au coin du pont, de laquelle voiture un valet s'empressa d'ouvrir la portière en les voyant approcher.

— Montons, dit alors Minard à Denise.

— Dans cette voiture ! pourquoi, mon père ? interrogea la jeune fille en se reculant effrayée.

—Pour nous rendre à Passy, où un malade réclame mes soins.

— Mais, mon père, vous n'avez pas pour habitude de m'emmener avec vous dans vos visites.

— Denise, plus de questions et obéis-moi, répondit Minard d'un ton ferme auquel Denise ne résista plus.

Le père et la fille une fois montés en voiture, les chevaux partirent au galop pour franchir en fort peu de temps l'espace qu'ils avaient à parcourir et atteindre Passy, où la voiture entra brusquement dans la cour d'une vaste maison de campagne, pour aller s'arrêter au pied d'un péristyle. Nos deux voyageurs qui, pendant la route, avaient gardé un morne silence, interrompu seulement par de profonds soupirs, descendirent alors du carrosse pour être introduits par un valet dans l'intérieur de la maison et le petit salon où le domestique les laissa seuls après avoir allumé plusieurs bougies. Denise qui n'osait plus questionner son père, s'en fut s'asseoir, triste et inquiète, sur un soyeux divan d'où son regard se promena avec indifférence sur la richesse de l'appartement. Minard qui, en proie à une violente agitation, n'avait fait encore que se promener dans la pièce, s'arrêta enfin devant sa fille et lui prenant la main pour la serrer tendrement dans la sienne :

— Denise, dit-il en paraissant faire un effort épouvantable, Denise, connais enfin la vérité; mais auparavant, pauvre fille, promets-moi de ne point maudire ton père !

— O ciel ! moi vous maudire ? jamais, jamais ! parlez, parlez sans crainte, bon père.

— Apprends-donc, ma fille, que ce père, que tu aimes et honore, a commis un crime, un crime affreux dans sa vie...

— Vous ! vous ! un crime ! c'est impossible! s'écria Denise plus pâle que la mort et frissonnant en fixant sur le médecin un regard éperdu.

— Oh! je comprends que ton âme honnête et pure se refuse à me croire coupable; mais hélas! ma bouche, en ce moment, ne te dit que l'affreuse vérité. Oui, je suis un criminel, un coupable dont les lois puniraient la faute du plus grand supplice si quelqu'un, un ennemi, voulait me dénoncer...

— Mon père! silence donc! ah! taisez-vous, au nom du ciel! si on vous écoutait!..

— Denise, ici mon crime est connu, ici est un homme qui veut ma mort, qui veut me livrer à la justice, qui le fera, car il est implacable !

— Mon Dieu ! mon Dieu ! que m'apprenez-vous, mon père ?... ah ! parlez, où est cet homme, que je tombe à ses pieds pour implorer son silence, pour lui offrir ma vie en échange de la vôtre ? ah ! parlez, parlez, je vous en conjure ! s'écriait Denise la tête perdue.

— Cet homme, tu vas le voir, tu vas entendre de sa bouche la cruelle condition qu'il met à son silence, à la conservation de notre honneur et celle de ma vie.

Une condition ! laquelle ! laquelle ? mais dites donc ! dit impatiemment Denise.

— Il veut ta main, il veut que tu deviennes sa femme !

— Vivez, mon père, vivez ! car je consens à tout ! dit la pauvre fille en se jetant en larmes au cou de son père.

— Fille généreuse ! ange du ciel ! sois bénie mille fois... mais non ! tu ne pourras jamais te soumettre à un pareil sacrifice, à cette odieuse union, car cet homme, Denise, cet homme est Laridon !

— Fusse le bourreau, mon père, pour vous sauver je me donnerais à lui, répond Denise d'une voix faible, Denise, que Minard sentait en ce moment mourir entre ses bras, et qu'il se hâte de déposer sur le sopha.

— Ah! ne la tuez pas, Dieu puissant! pitié, pitié pour elle! s'écriait Minard hors de lui, en secourant sa fille. Oh! reviens à toi, enfant, ma bien-aimée, reviens, car je consens à payer de la perte de mon honneur et de ma vie le bonheur auquel mon égoïsme, la crainte de la mort osaient t'arracher.

— Ainsi le docteur Minard consent à se faire pendre? interrogea une voix sourde au bruit de laquelle le médecin retourna la tête pour apercevoir près de lui Laridon qui souriait à sa douleur.

— Oui, de préférence à causer la mort de mon enfant... cours donc me dénoncer, misérable, car je n'ai plus de peur que pour les jours de ma fille.

— Çà, parlons raison, camarade : pourquoi, lorsque cette jeune fille consent à devenir ma tendre moitié ainsi qu'elle vient de le faire entendre avant de s'évanouir, fais-tu le rodomont en pure perte? crois-moi, laisse l'enfant se plaindre, gémir et regretter quelque peu l'union à laquelle je l'arrache, et résigne-toi à vivre afin d'être l'heureux témoin, et de pouvoir partager avec elle toutes les félicités mondaines que je lui réserve, tout le bonheur dont je veux l'inonder... le docteur Minard se verrait-il avec plaisir attaché à la cour, en qualité de médecin de Sa Majesté? oui, n'est-ce pas ! cette honorable sinécure le flatterait infiniment. Eh bien ! qu'il apprenne donc que pour lui et en qualité de mon beau-père, je suis sur le point d'obtenir sa nomination à ce poste important.

— Médecin du roi ! s'écrie Minard surpris.

— Ah ! ah ! ceci, l'ami, éveille ton attention, à ce qu'il me paraît; que sera-ce donc lorsque tu sauras qu'en vertu de mes services et de par le crédit de mes puissants amis, Sa Majesté est sur le point de me nommer contrôleur général, nomination que j'attends d'un instant à l'autre. Maintenant, dis-moi, suis-je un parti tant à dédaigner, et mon alliance ne t'assure-t-elle pas, ainsi qu'à ta fille, honneur, plaisirs et fortune?... Allons, allons, tu t'humanise, qui ne dit mot consent. Empresse-toi donc de rendre les sens à cette jolie fille, car dans la chapelle de cette maison des champs, le prêtre nous attend et l'autel est prêt.

Comme Laridon terminait gaîment ces derniers mots, Denise ouvrait la paupière pour en laisser échapper un torrent de larmes.

— Vois ces pleurs, cruel, et dis-moi si je puis y demeurer insensible? s'écria alors Minard d'un accent désespéré.

— Le tout est de bien s'entendre; or, laisse-moi, l'ami, interroger cette toute charmante, dit Laridon en s'approchant plus près de Denise qui, effrayée et revenue à elle, releva sa tête avec effort pour s'accouder sur l'oreiller du siége.

— Votre père vous a fait savoir que je vous aime, et vous souhaite pour ma légitime, et qu'à ce prix je m'engage à lui garder le secret sur certaines peccadilles de sa part, dont la connaissance amènerait indubitablement des suites assez fâcheuses; et je ne doute nullement, belle Denise, que vous allez vous empresser de lui éviter ce petit désagrément en comblant mes vœux et en consentant à devenir, par ce moyen, la femme la plus heureuse de France et de Navarre. Parlez maintenant, mais songez qu'un refus de votre part deviendrait l'arrêt de mort de votre père, termina Laridon d'une voix sévère et menaçante.

— Misérable ! s'écrie alors Minard, en élevant sur Laridon une main armée et furieuse.

— Arrêtez, mon père ! qu'allez-vous faire ? dit Denise avec effort et en se soulevant pour se joindre à Laridon qui, en ce moment, retenait le bras prêt à le frapper.

— Allons-nous donc recommencer, cher ami ? ce que c'est que l'habitude, dit Laridon en riant et en désarmant la main tremblante de Minard, pour reprendre ensuite : maladroit ! à quoi te servirait ce crime de plus et surtout ma mort ? à engloutir avec moi ton crime dans la tombe, penses-tu ? Erreur, l'ami, car mes précautions étant prises, tu tarderais peu à venir me rejoindre dans l'autre monde. Apprends donc, Minard, afin de t'ôter toute envie de m'expédier en traître, que la relation de tes crimes, écrite de ma main, se trouve en ce moment pliée et cachetée entre les mains de gens qui me sont dévoués, lesquels ont reçu l'ordre de la porter au lieutenant de police, s'il se passait vingt-quatre heures sans que ma présence vint les rassurer.

— Hé, que m'importe cette révélation et la perte de la vie, si je sauve ma fille ? s'écrie le médecin.

Ah ! ne l'écoutez pas ! conservez-moi mon père, et disposez de moi, monsieur, dit Denise en tombant aux pieds de Laridon qui s'empressa de la relever.

— Eh bien ! vous l'entendez, monsieur le médecin du roi, elle consent ! à l'autel donc et à l'instant même, car le prêtre et les témoins nous y attendent.

Cela dit, Laridon d'entraîner Denise, et Minard de les suivre, la douleur au cœur, jusqu'à la chapelle où le prêtre, sur un signe de Laridon, s'empressa de prononcer l'union de ce dernier avec la pauvre Denise qui, retombée sans connaissance après le *oui* fatal, fut emportée dans une chambre et déposée sur un lit.

VII.

Déception.

Ayant passé le reste de la nuit à secourir Denise avec qui Laridon l'avait laissé seul au sortir de la chapelle, après avoir ranimé une seconde fois les sens de la jeune fille et longtemps pleuré avec elle, puis, de l'accent du désespoir, lui avoir demandé grâce, ainsi qu'au ciel, d'être la cause de son malheur, Minard, ayant promis un prompt retour, s'éloigna d'un pas rapide malgré les larmes et les prières, de Denise, sans avoir même revu son gendre de fraîche date.

Ce fut vers sa demeure que le médecin dirigea ses pas, où il courut s'enfermer pour se livrer au plus vif désespoir, maudire ses crimes, et en demander grâce à Dieu.

Depuis plus de deux heures, et ne pouvant plus tenir en place, il parcourait sa maison, que l'absence de Denise transformait pour lui en un affreux désert, saisissant et baisant avec un transport d'amour et de rage tout ce qui appartenait à sa fille et la lui rappelait, lorsque le roulement d'un carrosse vint frapper son oreille et mourir à sa porte.

— Hélas! ce sont eux! Ah! que leur répondre lorsqu'ils vont me demander ce que j'ai fait de mon enfant? pensa Minard, après avoir jeté un regard à travers la fente d'un volet, pour reconnaître Antonin, la baronne de Courvale, et dans ceux qui les accompagnaient, la comtesse de Ricmann et Gobinac, ces derniers conviés à une cérémonie qui ne pouvait plus avoir lieu.

Ces quatre personnages, descendus de voiture, s'empressèrent aussitôt d'agiter la cloche de la porte de la maison avec bruit et empressement.

— Ah! gardons-nous de leur répondre! qu'ils passent, qu'ils passent! ici, plus de bonheur ni de joie; rien pour eux! murmurait tristement Minard, en se retirant dans le coin le plus éloigné de sa maison, pour y demeurer sourd, insensible aux coups sréitérés et impatients de la cloche.

Tandis qu'au dehors la foule curieuse des voisins s'amassait autour du marié, Antonin, surpris de ne voir personne ouvrir, après avoir promené son regard du haut en bas de la maison, le reporta avec inquiétude sur sa mère.

— Hé! sandis! c'est qu'ils sont sortis, faisait entendre Gobinac, en grande tenue de noce, le bouquet enrubanné à la boutonnière, et possesseur du bras monstre de la comtesse de Ricmann.

— Cela ne bas être boli du tout de leur bart, alors observa la dame allemande avec aigreur, en agitant les nombreux panaches qui ombrageaient sa tête.

— Ma mère, cette absence m'inquiète; serait-il arrivé quelque malheur à Denise ou à son père? dit Antonin.

— Ainsi que toi, je ne puis me rendre compte d'une absence qui, à bon droit, a celui de me surprendre, surtout un jour comme celui-ci, repondit la baronne de Courvale en s'efforçant de dissimuler la surprise et la violente contrariété qu'elle ressentait.

— Cadédis! c'est sé fichtre du monde, qué dé brûler ainsi la politesse un jour dé noce!

— Che havre beaucoup l'envie de m'en aller, car ce bobulace qui nous entoure havre le talent de déblaire à moi. Ainsi disait la comtesse en voyant la foule qui les entourait rire de leur désappointement et lâcher force quolibets.

— Retournons chez nous, Antonin, où sans doute nous tarderons peu à connaître le mot de cette surprenante énigme, fit entendre la baronne de Courvale.

— Pardon, excuse, madame ; mais hier, vers onze heures de la nuit, et en revenant du port ousque j'étions allé amarrer mon bachot, j'avons rencontré ce bon monsieur Minard et sa jolie fille qui filions ensemble du côté du pont Michel, ousque j'les avons vu monter dans un beau carrosse, après avoir suivi l'même chemin qu'eux, dit un marinier à la baronne, après s'en être approché.

— Ce que vous disons là le voisin Gourdon étions la vraie vérité, not' dame ; voire même que c'matin, étant à balayer not' porte, j'avons vu rentrer le médecin Minard sans sa fille, fit entendre à son tour une servante du quartier.

— Partons, mon fils ; regagnons notre demeure, dit la baronne en voyant Antonin pâle et pensif, fixer un regard inquiet sur les fenêtres de la maison, tout en se poignant le sein avec impatience.

Antonin ne répondit pas, mais il se laissa entraîner par sa mère pour regagner, à pied, la maison qu'ils habitaient, située au coin de la rue de la Colombe, en compagnie de la comtesse de Ricmann et de Gobinac. A peine étaient-ils rentrés chez eux, qu'Antonin, n'y tenant plus, prévint sa mère qu'il allait retourner à la maison de Minard afin d'en enfoncer les portes pour s'assurer s'il ne serait pas arrivé malheur au médecin et à sa famille, à Denise surtout, dont il ne pouvait comprendre ni la sortie de nuit, ni l'absence de chez elle à pareille heure, un jour d'hymen, et lorsqu'elle savait que lui et sa mère devaient venir la prendre pour la conduire à l'autel.

—Non, ma mère, non, ne me retenez pas, car mon cœur alarmé me dit qu'il est arrivé quelque chose d'étrange ou de funeste à nos amis, pour qu'ils nous oublient ainsi contre leur usage, disait Antonin à madame de Courvale qui, moins indulgente que son fils, et froissée par la conduite étrange de Minard, s'opposait à la sortie de son fils qu'elle engagea d'attendre que le père de Denise vint les trouver et s'excuser auprès d'eux.

Antonin n'écoutant que son amour et son impatience, malgré la volonté et les conseils de sa mère, allait s'éloigner, lorsqu'un de leurs valets entra pour remettre une lettre à l'adresse de la mère et du fils, lettre qu'un étranger venait d'apporter.

— Lisez, mon fils, dit la baronne en remettant la lettre à Antonin sans l'avoir ouverte.

Et Antonin, contrarié de ce retard, de briser le cachet avec impatience pour ensuite pâlir et tomber sans force sur un siége, après avoir lu rapidement à voix basse les lignes suivantes et anonymes :

« Le docteur Minard, séduit par la pro-
» messe d'être nommé, sous peu de jours,
» médecin de sa majesté le roi Louis XV,
» et de voir sa fille reçue à la cour, vient de
» marier Denise en secret, au favori d'un de
» nos ministres, homme aimable et en
» crédit à Versailles, pour lequel la jeune
» fille, depuis longtemps, ressentait en ca-
» chette un tendre sentiment. Cette union a
» été prononcée cette nuit même, à une
» heure du matin, au village de Passy et
» dans une chapelle particulière.

» Avis au baron Antonin de Courvale,
» de la part d'un ami qui l'engage fort à

» oublier la femme hypocrite qui s'est jouée
» de son amour, de sa crédulité, pour satis-
» faire le penchant de son cœur et les idées
» ambitieuses de son père, dont Dieu vous
» garde. »

La baronne effrayée ainsi que la comtesse et Gobinac s'empressèrent d'abord de porter secours au jeune homme dont les premières paroles, à son retour à la vie, furent une imprécation adressée à Minard et à Denise, tout en indiquant à sa mère la lettre tombée sur le parquet, et que la baronne s'empressa de ramasser pour en parcourir le contenu et pousser, à son tour, un cri de surprise et d'indignation après en avoir pris lecture.

— Sandis ! céla né m'étonne pas ! cé polisson dé Minard né m'a-t-il pas joué lé même tour en mé réfusant sa fille qu'il m'avait promise, pour la donner à cé cher monsieur Antonin, auquel il la souffle aujourd'hui pour la donner à un autre qui lui convient encore mieux qué nous deux. Cet homme est un infâme tartufe, cadédis !

— Cette médecin n'havre pas d'honneur ni de barole di tout ; quant à son fille, j'havre la conviction, ma petite gascone, que ce femme n'havre pas été di tout votre affaire, dit la comtesse en lorgnant tendrement Gobinac.

— Non, non, cela ne se peut pas ! cette lettre est un tissu d'impostures; Denise est trop pure pour s'être jouée ainsi de mon cœur et de mon amour; elle m'aimait, elle m'aime encore, et victime de quelque affreuse machination, cet ange de vertu, de bonté, m'est ravie malgré elle... Je veux la voir; je veux entendre sa bouche démentir l'imposture et me dire encore que je lui suis cher, qu'elle est libre et pour moi ; je veux voir Minard, l'interroger, le contraindre à me rendre mon bien suprême, le bonheur et la vie, puisque sans sa fille je ne puis plus exister... ah! laissez-moi, ma mère! il faut absolument que je les trouve, que je leur parle et connaisse mon sort ! s'écriait Antonin en s'arrachant des bras de sa mère qui le retenait, pour ensuite s'échapper et gagner la rue, suivi de Gobinac qui, sur la prière de la baronne, courait sur ses traces.

Le jeune homme se dirigeait vers la demeure de Minard, lorsqu'il aperçut au loin ce dernier au détour d'une rue où, après une course rapide, il l'atteignit et l'arrêta par le bras. A la vue d'Antonin, Minard, interdit, pâlit et baissa les yeux.

— Denise, mon amie, ma femme, qu'en avez-vous fait, monsieur? oh! rendez-la moi, rendez-la moi!... répondez, de grâce! cette lettre, cette affreuse lettre serait-elle une affreuse vérité? auriez-vous sacrifié Denise en la faisant la femme d'un autre que moi? oh! parlez, parlez! dites-moi que cela est impossible, que vous n'êtes point un barbare, un homme sans foi ni parole, s'écriait Antonin éperdu et de l'accent du désespoir.

Minard, avant de répondre, prit la lettre des mains du jeune homme pour en parcourir rapidement le contenu et d'une voix étouffée, avec effort et en présence de Gobinac qui venait de le rejoindre, répondre ainsi en rendant la lettre :

— Oui, Denise est mariée, Denise est à jamais perdue pour vous; oubliez-là !

—Infâme !! s'écria alors Antonin.

— Ah ! ne m'accusez pas ! je prends le ciel à témoin que l'intérêt ni l'ambition ne m'ont séduit ainsi que le dit cette lettre maudite; mais, hélas ! il ma fallu céder à une nécessité impérieuse, terrible ! répondit Minard d'un accent douloureux où perçait l'expression de la vérité.

— A un autre ! celle qui devait être aujourd'hui ma femme, à un autre ! Mais cette pensée est affreuse ! insupportable ! Denise que j'aime, que j'adore, qui disait m'aimer tant, perdue à jamais pour moi ! c'est horrible ! disait Antonin en versant un torrent de larmes et presque fou de désespoir.

— Cadédis ! jé voudrais bien savoir, docteur, cé qui vous a contraint à jouer cette mauvaise farce à cé pauvre jeune homme ? sandis ! si c'était à moi qu'on ait fait un semblable affront, j'en démandérais raison !

— Monsieur, où est Denise? je veux la voir et entendre sa bouche confirmer mon malheur; je veux savoir si l'infortunée, pour contracter un hymen que son cœur a dû repousser, n'y a pas été contrainte par la force et le désespoir; si, dans cette circonstance, vous n'avez point été le père le plus coupable comme le plus inhumain; je veux enfin connaître si vous ne m'abusez pas, vous qui venez de me donner le droit de douter de votre franchise, reprit Antonin avec fermeté.

— Monsieur de Courvale, je vous le répète, Denise est mariée, bien mariée; quant à la cause qui a nécessité ce prompt hymen, ceci est un secret important qu'il ne me plaît point de vous révéler, mais gardez-vous, par vos mépris, d'insulter à la douleur d'un père à qui on a ravi sa fille bien-aimée, et auquel il ne reste plus que le désespoir et le regret de ne pouvoir plus vous nommer son gendre.

— Hélas! mais quel est donc ce secret inextricable? quelle puissance assez impérieuse, irrésistible, a pu changer aussi subitement votre volonté, et vous contraindre à faire le malheur de votre fille et le mien?

— Je ne puis vous répondre, monsieur.

— Au nom du ciel! apprenez-moi où est Denise, qu'il me soit permis de la voir et de lui dire un éternel adieu. Minard, ne repoussez pas ma prière, prenez pitié de ma souffrance.

— Loin de chercher à revoir cette infortunée, efforcez-vous, au contraire, de l'oublier, et craignez de la compromettre aux yeux d'un époux jaloux et soupçonneux.

— Son époux ! ah ! la mort à cet homme, la mort pour lui et pour moi ! s'écria Antonin animé subitement d'un transport furieux.

— Hé sandis ! dites-lui donc où démeure la pétite, si vous né préférez qu'il arrive malheur.

— Silence, maudit gascon, et loin de nous va porter ta jactance importune, dit Minard à Gobinac, en lui lançant un regard menaçant et sévère devant lequel le gascon perdit de son assurance et baissa les yeux. Monsieur de Courvale, reprit le médecin avec fermeté, je jure Dieu que violence m'a été faite, qu'il m'a fallu céder à une volonté suprême, que je suis à votre égard exempt de perfidie ; je jure Dieu qu'hier j'étais glorieux de vous nommer mon gendre, et que la rupture de cette heureuse union fait et fera toujours le désespoir de ma vie. N'exigez rien de plus que ces aveux, plaignez-moi autant que je vous plains, croyez à mes regrets éternels et séparons-nous pour ne plus nous revoir jamais.

— Nous séparer, ne plus revoir Denise, impossible, impossible ! monsieur, par pitié, qu'il me soit permis de lui adresser un dernier adieu, je vous le demande en grâce ! dit le jeune homme d'un ton suppliant et en retenant les pas de Minard prêt de s'éloigner.

—Ce que vous demandez ne dépend plus de moi ; allez donc implorer cette faveur auprès de l'époux de ma fille, auprès du seigneur Brizard dit Laridon, que l'enfer puisse confondre après que vous l'aurez tué, répondit vivement le médecin pour s'éloigner ensuite d'un pas rapide, en laissant Gobinac et Antonin confondus.

— Sandis ! Denise la femme dé Laridon !

dé cé fripon, dé cé gueux à pendre! la chère pétite, qué lé ciel la protége!.. Eh bien! qu'avez-vous, mon cher ami? Dieu mé damne, vous vous trouvez mal; en terminant ainsi, Gobinac recevait dans ses bras Antonin, à qui l'excessive douleur à laquelle il était en proie en ce moment, venait de ravir les sens.

Parmi la foule qui s'assembla aussitôt autour de nos jeunes gens, se trouvèrent heureusement des personnes charitables qui, après avoir essayé, mais en vain, de rappeler Antonin à la vie, aidèrent Gobinac à transporter le jeune malade à son domicile, où le reçut une mère au désespoir; et quelques instants après, un médecin appelé à la hâte, après avoir examiné Antonin et consulté son mal, le déclara atteint d'une longue et dangereuse maladie.

III.

L'art de bien solliciter.

Depuis trois jours déjà, Denise était la femme de Laridon, qu'elle n'avait pas revu depuis la nuit de leur mariage, depuis l'instant qu'il s'était éloigné d'elle sans lui avoir adressé une seule parole ; et depuis trois jours qu'elle était retenue captive dans la maison de Passy, constamment surveillée par les valets de son mari, la pauvre Denise n'avait cessé de s'abandonner au plus violent désespoir et de repousser toute nourriture. Une femme, entre deux âges, raide et sévère, espèce de camériste, de duègne renfrognée, placée auprès d'elle par Laridon, était le seul être qui se fût jusqu'alors permis d'entrer chez elle et de lui adresser la parole. Minard, son père, qu'elle espérait revoir à chaque instant, dont elle désirait ardemment la présence et les consolations n'était pas même venu la voir; et l'infortunée, abandonnée de tout ce qui lui était cher, redoutant la présence d'un mari qu'elle détestait, priait Dieu en silence et de toute la force de son âme de lui ôter une vie devenue insupportable.

Oui, la pauvre femme priait ainsi au moment où la porte de la chambre qui lui servait de prison vint à s'ouvrir, et que Laridon apparut à son regard effrayé, un sourire railleur sur les lèvres, pour ensuite venir s'asseoir à ses côtés.

— Comment, des larmes ! de la frayeur, ma gracieuse ! lui dit-il, suis-je donc un monstre, un démon, mon bel ange, pour vous inspirer cet effroi ? Cependant, vous avouerez avec moi que je suis un mari des plus commodes et des moins exigeants ; allons, regardez-moi et veuillez m'entendre, ma chère femme.

— Je vous écoute, monsieur, répondit d'une voix faible et saccadée par les larmes la pauvre Denise, les yeux baissés, en se tournant avec peine vers son mari.

— Je sais, ma chère, que vous ne m'aimez pas, que vous ne m'aimerez même jamais, et cependant cet homme que vous avez pris en grippe, je ne sais trop pourquoi ni comment, n'a jamais eu d'autre désir que celui de vous faire la plus heureuse des femmes, à sa manière, bien entendu! Vous végétiez jadis dans une misérable mansarde, exténuée de faim et de fatigue, et moi, pour vous sortir de cet état précaire, j'ai stimulé le courage abattu de votre père, tout en lui indiquant le moyen de s'enrichir dans la pratique de son art, moyen qui lui a réussi au parfait. Plus tard, dernièrement enfin, vous alliez devenir la femme d'un obscur et petit gentilhommeau de province, lequel avait le perfide dessein de vous ravir à l'admiration de la capitale pour courir enfouir vos grâces et vos charmes dans son lugubre et lointain castel, où vous fussiez morte, dans peu, de regret et d'ennui ; eh bien, pour vous ravir à cette existence de fossile, qu'ai-je fait ? je vous ai épousée, afin de vous ouvrir un nouvel être, un être de plaisir, de joie, d'hommage et d'adoration, pour vous rendre la plus heureuse de toutes les femmes, puis égaler votre sort à celui d'une reine.

A ces belles paroles Denise, se mit à répondre par un profond soupir, et Laridon à continuer ainsi :

— J'espère, madame, que pour prix de

mes bonnes intentions à votre égard, vous ne me condamnerez pas à être éternellement témoin de vos larmes et à entendre vos soupirs ! qu'en femme non moins spirituelle que belle, vous saurez prendre bravement votre parti, sécher ces pleurs qui gâtent votre beau visage et rappeler le sourire qui sied si bien à vos lèvres de rose ; puis une fois consolée, préparez-vous à me suivre dans le monde, à paraître à la cour où je veux vous conduire, où vous attendent un succès immense et éclatant, l'enthousiasme et les hommages des plus grands seigneurs.

— Dans le monde, à la cour ! oh, non ! exemptez-moi de cette pénible tâche, monsieur, de ces plaisirs, de ces adulations que mon cœur et ma douleur repoussent.

— Pour vous laisser pleurer tout à votre aise à la maison, n'est-ce pas? Du tout! j'ai pris femme jolie pour me faire honneur et non pour la cacher au monde; or, disposez-vous donc, Denise, à m'accompagner partout où il me semblera bon et utile de vous conduire ; soyez docile à mes désirs, à mes conseils, et les richesses, les joies de ce monde nous seront acquises.

— Non, monsieur, non...

— Silence, pas de réplique, levez-vous et quittons cette maison qui n'est pas la nôtre, mais celle d'un jeune seigneur de mes amis qui a bien voulu me la prêter pour quelques jours... allons ! dépêchons, corbleu ! s'écria Laridon avec brusquerie, en voyant Denise rester immobile sur son siége; Denise qui, effrayée, se leva tremblante, dont le mari prit la main pour la conduire jusqu'au carrosse qui les attendait au pied du péristyle, carrosse dans lequel ils montèrent pour rouler vers Paris et l'hôtel de la rue des Trois-Pavillons, où Laridon laissa Denise, pour se faire conduire à l'hôtel d'Argenson et s'introduire dans le cabinet du comte, qui se mit à sourire à son approche.

— Eh bien, ce mariage? fit entendre le seigneur.

— Accompli, depuis trois jours que je suis possesseur et maître de la belle Denise, après l'avoir soufflée à son petit de Courvale. Vous voyez, maintenant, monseigneur, que lorsque je me mets une chose en tête, il faut qu'elle réussisse, répliqua Laridon avec fatuité et en se caressant le menton.

— Si ce que tu me dis là est vrai, je te proclame le plus adroit coquin des deux hémisphères.

— Cela est, monsieur le comte, sur mon... sur votre honneur.

— Comment, misérable! tu es venu à bout de te faire le mari d'une fille qui te déteste, de la plus jolie femme de France, et de la ravir à l'homme jeune et riche qu'elle aimait et allait épouser? interroge le comte avec surprise?

— J'ai fait cela, monseigneur.

— D'honneur, je n'en reviens pas! mais comment t'y es-tu pris, maraud? est-ce donc le diable, avec lequel tu as sans doute fait un pacte, qui t'a aidé dans cette entreprise?

— Non, monseigneur; mais bien mon génie.

— Dis ton intrigue, cette audace qui te fera pendre un beau jour, à la grande satisfaction des honnêtes gens..... Mais que pense la belle Denise de ce mariage?

— Elle s'amuse à pleurer, monseigneur.

— Et comment la pauvre enfant a-t-elle reçu tes caresses?...

Monseigneur, j'ai respecté dans Denise la femme dont vous êtes amoureux, et de laquelle je ne me suis fait le mari que pour mieux en disposer en votre faveur.

— Quoi, possesseur de tant d'attraits, d'une femme divine, tu as eu la force de résister à la tentation? s'informe le seigneur joyeux.

— Je connais trop le prix du bien que j'ai respecté pour m'être avisé d'en ternir l'éclat et ce qui en fait le charme principal, dit le mari en souriant.

— Et c'est pour moi, Laridon, que tu as conservé ce trésor inestimable ? bien ! très bien ! ceci s'appelle du dévoûment, ou je ne m'y connais pas... Laridon, je saurai reconnaître cette délicatesse en faisant ta fortune, mon cher... Ah ça, quand me sera-t-il permis de faire ma cour à ta femme ? réponds, et surtout songe que je suis pressé et friand en diable.

— Aussitôt après, monseigneur, que vous aurez satisfait à quelques petites demandes que je me propose de vous adresser.

— Hum ! je te sais exigeant : n'importe, explique-toi.

— Il y a des gens indélicats, cupides, intéressés qui, abusant de vos bonnes intentions, s'empresseraient, en pareille circonstance, de vous demander..... de l'or, beaucoup d'or, ou une de vos terres en guise de petit cadeau ; mais ambitieux seulement de vous complaire, je veux, sans bourse déliée, vous mettre à même, Excellence, de récompenser en moi un serviteur dévoué, en usant quelque peu de votre immense crédit à la cour.

— Je comprends; fidèle à ton système, tu prétends continuer ce que tu as commencé, c'est-à-dire, faire trafic de mes faveurs et entreprendre la chose en grand.

— Il y a du vrai dans ce que vous venez de dire, Excellence, répond effrontément Laridon.

— Sachons donc, drôle, ce que tu attends en ce moment de ma complaisance.

— Monseigneur, aujourd'hui, j'ai un pressant besoin d'un contrôle général et d'un gouvernement pour deux de mes amis, l'un financier et l'autre noble gentilhomme.

— Plaisantes-tu, maraud?

— Jamais, monseigneur, je n'oserais prendre cette liberté avec vous ; je le répète, un contrôle général et un gouvernement; par exemple, celui de Saintonge, lequel, en ce moment, se trouve vacant par la mort récente de monsieur le vicomte d'Oberval.

— Il n'appartient qu'au roi d'en disposer, répond brusquement d'Argenson.

— Cela est vrai, mais il vous appartient aussi de désigner un aspirant à ce même gouvernement, et de l'appuyer de votre infaillible crédit auprès de Sa Majesté.

— Eh bien, que ta femme vienne ce soir en causer avec moi, car, désormais, ce n'est plus que par sa bouche qu'il me plaira t'entendre solliciter mes faveurs.

Soit, monseigneur, ce soir j'aurai l'honneur de vous présenter madame Brizard.

— A propos, tu lui remettras, de ma part, ces brillants d'oreille, reprend le comte après avoir tiré un petit écrin d'un tiroir et en le présentant à Laridon.

— Fichtre! les beaux diamants! s'écrie Laridon en examinant le présent.

—- Surtout fais en sorte qu'ils arrivent à

leur destination et qu'ils ne s'égarent pas en chemin sur quelque tapis vert.

— Fi! pour qui me prenez-vous, monseigneur?

— A propos, sais-tu que cet Anatole de Montigny, de qui tu redoutais la présence chez le médecin Minard et que sur ta demande j'ai fait mettre à la Bastille, crie à l'injustice de toute sa force, qu'il remue ciel et terre pour recouvrer sa liberté? Je pense que les quelques semaines de prison qu'il vient de faire l'auront assez puni de sa petite opposition à nos projets, et maintenant que tu es l'époux de Denise, ce jeune homme ne pouvant plus te faire ombrage, il serait généreux de notre part de lui donner la clé des champs.

— Pas encore, monseigneur, songez que cet homme est amoureux de ma femme et qu'il y aurait à craindre de sa part quelques entreprises galantes et audacieuses.

— Amoureux de ta femme ! lui aussi ?

— Comme un fou, répond Laridon.

— Alors, c'est différent, laissons donc ce téméraire où il est et cessons cet entretien; puis empresse-toi de retourner auprès de ta femme pour me l'amener ensuite.

— Un mot encore, Excellence

— Je t'écoute.

— Votre très humble serviteur aurait besoin au plus tôt d'une toute petite lettre de cachet qui lui est en ce moment des plus indispensables.

— En faveur de qui prétends-tu en faire usage ?

— D'un pleurnicheur, raisonneur, et sentencieux des plus gênants.

— Son nom ?...

— Je ne puis vous le dire, monseigneur; qu'il vous suffise de savoir que c'est un être sans conséquence, dont la disparition de la société passera inaperçue, et qu'il ne s'agit ici, non d'un prisonnier pour la Bastille, mais seulement d'un pauvre diable qui se trouvera fort honoré d'un séjour de quelques mois au fort l'Evêque.

— Est-ce un homme de noble origine?

— C'est peuple, de répondre Laridon à la demande du ministre.

— Alors, c'est sans conséquence, comme tu dis fort bien; ce soir tu auras cette lettre.

Pendant que l'époux de Denise conversait ainsi avec le comte d'Argenson, Minard, que Laridon avait, selon son intention, oublié de consigner à la porte de son hôtel, ainsi qu'il l'avait fait à Passy, Minard donc, désireux de revoir sa chère fille, de lui prodiguer ses consolations et de lui demander mille fois grâce de l'affreux hymen qu'il l'avait forcée de contracter, s'était donc introduit chez elle où il l'avait trouvée en larmes et les traits altérés par la douleur. En voyant paraître son père, la jeune femme poussa un cri et courut s'élancer dans ses bras pour appuyer sa belle tête sur sa poitrine et se plaindre de son absence ; reproche auquel le médecin répondit par des larmes et en comblant sa fille de caresses.

— Ah ! ne pleurons pas ainsi, ma Denise,

et profitons de cet instant de solitude pour nous entretenir et nous consoler ensemble... Denise, tu verses des larmes, enfant, et sans doute tu maudis ton père!

— Vous maudire, moi, oh! jamais!

— Parle, parle! calme ma vive inquiétude; ce Laridon, comment se conduit-il avec toi?

— Mon père, depuis que vous m'avez fait sa femme, je n'ai revu cet homme qu'aujourd'hui seulement.

— Quoi! il n'a pas passé les nuits auprès de toi?

— Non, mon père.

— Quel langage t'a-t-il tenu aujourd'hui ?

— Celui du maître qui console un esclave affligé, dont il promet de dorer les chaînes.

— Et tu t'estimes, malgré cela, la plus malheureuse des femmes ; ce mariage te fait toujours horreur, n'est-il pas vrai ? demande encore Minard.

— J'en mourrai, mon père, répondit douloureusement Denise.

— Tu en mourras, dis-tu? oh non! ne meurs pas, cher enfant! vis, vis pour être heureuse un jour, car bientôt tu seras libre! libre, entends-tu! prononce Minard d'un air sombre et menaçant.

— Auriez-vous l'espoir de briser cette union? ah! prenez garde, mon père, d'encourir la haine et la vengeance de l'homme qui a eu assez de puissance sur votre âme pour vous contraindre à faire le malheur de votre fille bien-aimée, et si ma résignation peut vous éviter quelque peine douloureuse, je me soumets, mon père, et je ne me plaindrai plus, dit Denise en entourant le cou du médecin de ses bras caressants.

— Cher enfant! quel noble dévoûment

est le tien ! Ah ! malheur à moi si, au prix de tout mon sang et de ma vie, je ne cherchais pas le moyen de te rendre le bonheur auquel je t'ai arrachée !

— Au nom du ciel, conservez-vous pour moi, bon père ! vivez, si vous voulez que je vive.

— Espère, pauvre fille, et sois sans crainte; bientôt, sans doute, nous serons réunis de nouveau.

— Père, ne me parlerez-vous point d'Antonin ? reprend timidement Denise.

— Antonin ! non, répond Minard embarrassé.

— Quoi ! n'est-il pas venu pour s'unir à moi ? n'a-t-il pas été surpris, désespéré de mon absence ? ne vous a-t-il pas demandé ce que j'étais devenue ? s'informe vivement Denise le cœur palpitant.

— Il est venu, il a tout appris, sa douleur a été profonde ; mais, ne m'interroge pas davantage, car, honteux, désespéré, j'ai fui loin de lui et de sa mère pour ne plus les revoir, et j'ai quitté notre demeure pour n'y rentrer jamais !

— Hélas ! pourquoi cet abandon et qu'allez-vous devenir, mon père ? s'informa Denise alarmée.

— Tu le sauras demain, enfant ; demain, où il nous faudra fuir ensemble, quitter la France et aller nous cacher sous un ciel étranger audelà des mers.

— Je vous suivrai partout, père, partout!.. mais, hélas! ne reverrai-je donc plus Antonin?

— Peut-être! répondit Minard.

Cet entretien entre le père et la fille se continua quelques instants encore et Minard, craignant le retour et la présence de Laridon, quitta Denise après lui avoir promis de ses nouvelles pour le lendemain, puis conseillé la patience et le courage. Il y avait à peu près une heure que Denise était seule lorsque rentra Laridon accompagné de plusieurs valets chargés de paquets et de cartons qu'il fit déposer dans la chambre de sa femme, pour congédier ensuite ses gens; et du ton le plus enjoué, s'adresser à Denise qui se tenait tristement assise et accoudée sur un fauteuil.

— Chère amie, tout cela est votre corbeille de noce, des choses superbes dont je vous fais hommage, enfin, des robes, des challes, des dentelles du plus haut prix, le tout conditionné à votre taille et accompagné de cet écrin dans lequel vous trouverez des diamants admirables dont l'éclat rehaussera encore, s'il se peut, celui de votre rare beauté. Maintenant, en femme aimable et soumise, appelez votre camériste et hâtez-vous de vous mettre à votre toilette, de vous faire élégante et belle, car il ne s'agit, mon ange, rien moins que de m'accompagner ce soir dans une brillante réunion où je désire vous conduire, et que vous me fassiez honneur.

En vain Denise, désireuse de fuir le monde et de rester tout entière à sa douleur, supplia-t-elle Laridon de la laisser au logis; forcée d'obéir à une volonté suprême, de plier devant le courroux de son mari, la jeune femme se livra à sa camériste, puis, vêtue avec autant d'élégance que de grâce, belle comme la mère des amours, Denise, tremblante, se laissa emmener par l'impatient Laridon, pour monter avec lui en carrosse et s'asseoir à ses côtés. Après avoir roulé l'espace d'une demi-heure, la voiture fut s'arrêter dans la cour de l'immense hôtel du comte d'Argenson où Laridon, conduisant la triste Denise par la main, l'introduisit au travers de vastes et somptueux appartements jusqu'à un délicieux et coquet boudoir, dans lequel ils tardèrent peu à voir paraître le comte qui, un bouquet de roses à la main, s'approcha galamment et en souriant de la jeune femme qui, reconnaissant dans d'Argenson l'homme qui avait osé lui faire, pour ainsi dire, violence chez son père, se mit à pâlir et à trembler de tous ses membres.

— Soyez mille fois la bien venue chez moi, charmante dame, et daignez, de ma main, accepter ces roses, moins fraîches et moins admirables que votre charmante personne.

Disant ainsi, le comte présentait le bouquet à Denise après l'avoir fait asseoir sur un riche sopha et s'être placé près d'elle sur le même siége, tandis que Laridon, debout devant eux, les contemplait en riant. N'osant refuser, ne sachant que faire, Denise prit les fleurs et, d'un simple signe de tête, remercia le seigneur de sa galanterie.

— Excellence, voici ma femme qui vient solliciter auprès de vous en faveur des deux amis dont je vous ai parlé tantôt, fait entendre Laridon. Allons, madame, adressez-vous à monseignenr, et faites en sorte qu'il nous obtienne, de Sa Majesté, le gouvernement de Saintonge et le contrôle général dont je lui ai fait la demande... Eh bien! êtes-vous muette ou imbécile? ajouta impatiemment Laridon et attachant un regard courroucé sur sa femme, en cet instant plus morte que vive et les yeux fixés sur le bouquet abandonné négligemment sur ses genoux.

— Holà ! mon cher, gardez-vous de rudoyer un trésor aussi précieux et laissez au moins, à madame, le temps de se reconnaître... Allons, du courage, belle Denise, et, sans crainte, daignez lever les yeux sur votre plus zélé et plus dévoué admirateur... La belle main ! le délicieux bras ! et cette taille, qu'elle est admirable !

— Monsieur !! se mit alors à s'écrier Denise effrayée en se levant vivement, afin d'échapper à l'étreinte du comte qui, tout en parlant, l'entourait de son bras.

— Maudit soit de la pécore, et de sa bégueulerie ! s'écrie Laridon furieux en se levant à son tour; avez-vous peur que monsieur le comte ne vous mange, sotte ! pour vous alarmer ainsi d'un simple badinage dont vingt, cent femmes qui vallent mieux que vous, se trouveraient honorées?.. Excellence, excusez cette momie qui, totalement étrangère aux usages et coutumes du beau monde, s'effarouche d'un rien et ne sait que pleurnicher.

— De grâce, belle Denise, ne vous affligez pas ainsi et ne voyez en moi qu'un homme désireux de votre estime et de votre confiance, un homme qui met aujourd'hui à vos pieds sa personne, sa fortune et tout son crédit.

— Allons, remerciez Son Excellence de ses bonnes dispositions à votre égard, c'est le moins que vous puissiez faire, je pense, dit Laridon qui, pour seule réponse, n'obtint de Denise qu'un regard où perçait le plus souverain mépris, auquel le misérable riposta par un coup d'œil menaçant et terrible.

— Quoi! n'obtiendrai-je de votre bouche charmante nulles paroles ni consolations, madame? interrogea le seigneur en se rapprochant de Denise pour saisir sa main et la presser dans les siennes avec tendresse.

— De tous les biens que vous daignez m'offrir, monsieur, je n'ambitionne que votre estime, votre protection pour ma faiblesse, et je désire, surtout, que votre respect puisse égaler toujours celui que je ressens pour votre personne, dit Denise d'une voix sévère.

— Tenez, Excellence, tout cela va mal, fort mal ! j'ai pensé bien faire en vous présentant ma chère moitié, ainsi que la politesse me l'ordonnait envers un protecteur tel que vous, et je m'aperçois que je n'ai fait qu'une gaucherie capable de m'attirer votre disgrâce, veuillez donc excuser et oublier les momeries de cette mijorée rétive qui, je le vois bien, a besoin d'être fortement stylée aux usages du monde et de laquelle je vais vous débarrasser aussitôt... Allons, madame, en route à l'instant même !

— Brizard, un peu de patience, et surtout gardez-vous...

— Je vous comprends, Excellence. Oh ! n'ayez sur ma patience et ma douceur nulle mauvaise pensée, car, si je vous débarrasse aujourd'hui de cette pleurnicheuse, c'est afin de pouvoir m'entretenir avec elle, et vous renvoyer demain, en la personne de ma femme, une solliciteuse apprivoisée et toute aimable.

Quelques instants encore où le comte d'Argenson employa toute sa rhétorique à consoler Denise, à l'assurer de son estime et de son admiration pour sa personne, puis, après lui avoir baisé respectueusement la main, il la laissa emmener par Laridon qui s'empressa de regagner son hôtel sans avoir adressé une seule parole à Denise pendant tout le trajet.

— Ça, à nous deux, maintenant, madame, et pour mieux me faire comprendre, je pense devoir, d'abord, vous instruire du motif qui m'a fait vous prendre pour femme, dit Laridou rentré chez lui et seul avec Denise. Sachez donc que, jeté sur cette terre sans fortune ni avenir, et pourtant aimant l'or, le luxe et les plaisirs, j'ai juré, en qualité d'homme d'esprit, de faire du patrimoine des sots ma propriété et d'exploiter, à mon profit, les faiblesses de l'humanité. J'ai encore pensé que l'art du courtisan et celui de vendre aux ambitieux, aux avides solliciteurs les faveurs de la cour, était un moyen prompt, adroit et facile d'arriver à la fortune, ce que doit vous prouver ma condition actuelle comparativement avec celle tant misérable où j'étais plongé lorsque je fis votre rencontre, il y a de ça quelques mois, au Cours-la-Reine. Tout m'a donc réussi jusqu'à ce jour ; cependant, m'apercevant que ma fortune ne grossissait pas assez vite au gré de mes désirs, que mes profits ne suffisaient pas à couvrir mes dépenses, je me suis donc mis en tête de traiter les affaires en grand et de prendre pour associée une jolie femme, dont la beauté, l'esprit et la grâce me viendraient en aide, et à qui roi, princes et seigneurs, séduits par ses charmes, ne puissent, par le refus, répondre à ses ambitieuses demandes. Or, rencontrant en vous, madame, toutes les perfections requises pour faire une admirable solliciteuse, je vous ai donc épousée afin de vous vouer à ce haut emploi, vous promettant, en récompense de votre adresse et de votre soumission, liberté, fortune et plaisirs. Vous devez alors comprendre combien, ce soir, auprès du ministre, votre début a été gauche et maussade, et combien encore, à juste droit, j'ai dû être mécontent de vous. Maintenant, répondez, Denise, que dois-je attendre de votre soumission? termina Laridon.

— Nulle lâche complaisance, rien de ce que vous espérez, monsieur, répliqua sèchement Denise.

— Corbleu! voici ce qui s'appelle répondre avec franchise, sans être cependant votre dernier mot.

— Je vous dis ce que je pense, monsieur; non, je n'accepterai pas un emploi honteux qui m'exposerait chaque jour aux insultes de vos grands seigneurs, à qui votre complaisance donnerait le droit de me manquer de respect.

— Erreur, madame, une femme adroite sait toujours se faire respecter quand elle le veut, et de sa part un peu de séduction, de coquetterie, en ne l'engageant à rien, lui fait tout obtenir.

— Je ne comprends pas ce langage, et je repousse de toute ma force l'emploi humiliant, dangereux que vous osez m'offrir.

— Et moi, madame, je dis que vous le remplirez à merveille et sans plus tarder, réplique Laridon d'un ton calme.

— Jamais!! s'écrie Denise avec force.

— Ah! ah! fait Laridon en souriant d'un air goguenard, pour reprendre aussitôt en ces termes:

— Alors, prêtez-moi donc encore votre attention pour écouter une petite anecdote de laquelle le récit vous rendra souple comme un gant à mes volontés. Il y avait une fois un pauvre diable de médecin, n'ayant ni sou ni mailles et ne sachant à quel saint se vouer pour exister ainsi que la jolie fille que le ciel lui avait donnée. Ne voilà-t-il pas

qu'un beau jour, après avoir longtemps
réfléchi, que ce cher docteur se met en
tête, afin de se faire une réputation, de se
former une clientelle, d'attendre la nuit,
dans la rue, les gens au passage, de courir sur eux armé d'un poignard et de les
blesser au côté gauche, pour s'enfuir
ensuite vers son domicile, puis revenir un
instant après au secours de la victime,
dans l'appareil d'un homme arraché au
sommeil et qui vient de sortir de son lit...
Quoi! vous pâlissez, Denise, auriez-vous
déjà deviné?... Eh bien, oui! ce médecin
n'est autre que votre infâme père qui, durant six mois, a porté l'effroi et la désolation dans la ville, lui qui, chaque nuit, assassinait sans pitié les passants, qui a frappé
Antonin de Courvale, lui qui me réservait le même sort, dont j'ai su arrê-

ter le bras, arracher le masque, et que j'ai frappé de mon épée au-dessous de l'épaule au moment où il s'enfuyait. Vous devinez, maintenant, j'espère, pourquoi il vous a arraché à vos amours, à un hymen honorable pour vous donner à moi, comment je suis devenu le maître de sa volonté, de sa vie, de sa vie que je livre au bourreau, si vous ne m'obéissez?

— Mon Dieu! mon Dieu! tuez-moi, car je ne puis plus exister! mon père un assassin! lui que je rêverais, que j'aimais plus que moi-même!.. Mais, non, c'est impossible! vous mentez, oh! vous mentez! mon père n'a pu se rendre coupable de pareils crimes, ni rompre en ce point avec l'honneur et l'humanité! Hélas! hélas! dites donc que vous m'avez menti, ou je vais expirer de douleur devant vous et à l'instant même! Ainsi disait Denise, folle de désespoir, en se tordant les bras, en se traînant aux pieds de son mari qui souriait à sa douleur.

— Non, il ne faut pas mourir, il faut vivre, au contraire, pour m'aider à faire une brillante fortune, pour la partager avec moi et nous enivrer de plaisirs. Rassurez-vous donc, car la vie de votre père sera sauve, son prétendu honneur restera intact, moi-même je m'empresserai de lui obtenir un riche emploi, ou j'en ferai ce qu'on appelle un médecin à la mode, un homme important, alors tous les trois nous serons heureux, satisfaits, mais toujours à cette condition que vous m'obéirez, que par vos grâces, la coquetterie, des demi-faveurs sans conséquence et distribuées à propos, vous saurez vous emparer de l'esprit des personnages puissants auxquels nous allons avoir affaire, hommes faibles et vicieux, qui, une fois dans vos chaînes, que vous leur aurez mis l'amour en tête, n'auront plus rien à vous refuser et vous livreront même la France entière, si vous vous donnez la peine de la leur demander; car, ainsi sont bâtis tous ces grands seigneurs à qui notre roi libertin et insouciant a confié les rênes et l'honneur du pays. Ah ça, comprenez bien, ma chère, qu'en cette circonstance, je ne prétends pas vous imposer une ignoble prostitution, à vous l'adresse de conserver votre honneur intact, de tenir la dragée haute à tous ces enragés libertins, et de les payer en monnaie de singe après avoir largement usé de leur immense crédit. Oh! croyez-moi, croyez-moi! débarrassez-vous de cette sotte et incommode pruderie qui paralyse en vous le génie et l'adresse ; devenez spirituelle, entreprenante, audacieuse même, et la France est à nous, car je soutiens que nul puissant de la cour ne pourra résister à vos charmes.

— N'espérez pas, n'espérez pas ! car je sens que je vais mourir, répondit Denise accablée.

— Non pas ! vivez pour votre père.

— Mon père ! ah ! qu'il s'éloigne, qu'il

parte! s'écrie Denise.

— Cela lui est défendu, ma chère, car, en ce moment, les portes d'une prison d'état qui viennent de se fermer sur lui le retiennent forcément en France, petite précaution que j'ai jugé nécessaire de prendre afin de m'assurer votre soumission d'abord, puis la présence du cher docteur dans Paris, pour mieux l'avoir à ma disposition.

— Mon père prisonnier, privé de sa liberté, malheur! malheur! dit Denise en versant un torrent de larmes et levant ses mains jointes vers le ciel.

— Ne crois pas cet imposteur, mon enfant, car je suis libre et me voici! fait entendre Minard en paraissant subitement dans la chambre, armé d'un pistolet qu'il s'empresse de décharger sur Laridon presque à bout portant.

— La fureur a trahi ton espoir, Minard, car, au lieu d'atteindre au cœur, la balle n'a fait que traverser les chairs du bras, répond froidement Laridon tout en agitant violemment le cordon d'une sonnette.

— Ah! fuyez, mon père, fuyez, car cet homme, sans pitié, va vous livrer au bourreau, s'écrie Denise en poussant vers la porte son père qui voulait s'élancer sur Laridon.

— Laisse-moi, laisse-moi arracher la vie

à cet infâme, dussé-je mourir après lui !

Et comme Minard disait ainsi, des valets accourus en nombre, s'élançaient sur lui et le terrassaient, sur un signe de leur maître.

— Entraînez ce furieux, et en vertu de cet ordre, qu'il soit livré au guet et conduit en prison, dit Laridon en remettant à un de ses valets la lettre de cachet demandée au comte d'Argenson, et que celui-ci, dans la soirée, lui avait glissée dans la main en arrière de Denise.

Ce fut alors qu'en voyant maltraiter son père par des valets furieux qui s'efforçaient de l'entraîner et de comprimer les efforts qu'il faisait pour leur échapper. Denise, dont le désespoir ne peut se dépeindre, courut se jeter aux genoux de Laridon, en ce moment tombé sur un fauteuil et affaibli par le sang qu'il perdait.

— Grâce ! pitié pour lui, et je vous obéirai, et je serai votre esclave soumise ! Au nom du ciel, ne perdez pas mon père ! rendez-le moi ! rendez-le moi !

— Volontiers, mais lorsque tu m'auras donné les preuves de cette soumission que tu me fais entrevoir, ma toute belle.

Et lorsque Denise, après avoir reçu cette

réponse de Laridon, tourna la tête pour voir son père, elle ne l'aperçut plus dans la chambre, car les valets venaient de l'entraîner. Ce fut alors que la jeune femme, réunissant le peu de force qui lui restait, se releva vivement pour courir au secours de l'auteur de ses jours dont les cris, les imprécations arrivaient encore jusqu'à elle ; mais, hélas ! peine inutile, les portes étaient vérouillées, et Denise, suffoquée par la douleur, tomba à la renverse presque mourante sur le parquet de la chambre.

IV.

Plusieurs mois après.

— Hé, sandis ! jé né mé trompe pas ! c'est cé cher dé Courvale, Dieu mé pardonne ! s'écriait Gobinac en voyant entrer un matin Antonin dans la chambre richement meublée où, étendu paresseusement sur une chaise longue, notre gascon s'amusait à parcourir la gazette du jour.

— Lui-même, mon cher, que le coche d'Auxerre vient de jeter, il y a une heure au plus, sur la rive parisienne et qui vient demander asile, hospitalité à vous et à votre femme, la ci-devant comtesse de Ricmann, pour les quelques jours qu'il doit passer dans cette ville où l'amène le désir de parler au roi.

— Mon cher ami, soyez le bien venu dans mon hôtel, où je vous prie de vous regarder comme chez vous.

— Merci de votre bonne réception. Ah

ça, ne pourrais-je présenter mes hommages à votre épouse, pour laquelle ma mère m'a chargé de mille civilités ?

— Pas encore, madame dé Gobinac n'étant visible, même pour moi, qué sur lé midi, et il n'est qué dix heures, sandis !... Ah ça ! et cette santé, comment va-t-elle ? quoiqué toujours un pétit peu pâlot, jé pense qué nous né nous ressentons plus dé cette terrible maladie qué nous fîmes à la suite dé...... dé..... enfin, vous savez ?

— De l'ingratitude, de l'abandon de l'infidèle Denise, voulez-vous dire ? Non, mon cher, car le temps, en me rendant peu à peu la santé, a aussi effacé de mon cœur le souvenir d'une femme indigne de mon amour et qui a préféré à mon nom, au titre de mon épouse, un Laridon, un chevalier d'industrie, répond Antonin avec émotion et tristesse.

— Cadédis! jé suis encore à mé demander cé qui a pu être la cause dé cé changement subit, et cé qui a décidé le médecin Minard à donner sa jolie fille à un homme qu'il détestait et que Denise elle-même ne pouvait regarder en face.

—Quel motif autre que l'intérêt et l'ambition aurait pu changer aussi subitement le cœur de Minard et celui de sa fille à mon égard? répondit Antonin en soupirant.

— Quant au cher docteur, lé diable m'emporte, si à Paris quelqu'un est capable de vous dire cé qu'il est dévénu ; mais pour sa fille, c'est différent, et si Laridon, pour la décider à vous planter là, lui a fait de belles promesses, au moins lui a-t-il tenu parole, car, dit-on, la belle Denise brille à la cour comme à la ville d'un éclat sans pareil.

— Oui, je sais cela, le bruit des triomphes de Denise a retenti jusqu'à notre province, où il est venu un instant troubler mon repos...

— Jé comprends ! réveiller un amour mal éteint, interrompt Gobinac.

— Dites ma pitié, en apprenant que cette femme que j'ai connue vertueuse et modeste, lancée par un infâme et complaisant mari dans le sentier de la perdition, est devenue une hardie courtisane, faisant trafic de ses caresses et les échangeant contre des emplois, des pensions et des brevets...

— Dont lé mari fait un magnifique commerce et qu'il vend au poids de l'or, capédious! A propos! vous est-il venu encore à l'oreille qué sur lé bruit dé ses charmes et dé son esprit, lé roi a démandé à cé qué la belle Brizard, ainsi qu'on désigne Dénise, lui soit présentée à la cour, où Sa Majesté très galante lui a fait, assure-t-on, la plus gracieuse réception?

— Je sais cela, et l'on ajoute même que le roi lui a accordé, à Versailles, plusieurs audiences particulières.

— Cela dit tout, sandis !

— Hélas ! qui aurait jamais pensé cela d'elle ! soupira amèrement Antonin.

— Hé, mon cher, il n'y a que le premier pas qui coûte, et puis, le moyen qu'une jeune et jolie femme, qui n'aime pas son mari, résiste longtemps à la séduction, surtout à celle tant raffinée de nos grands seigneurs ?

— Une âme véritablement honnête ne

s'écarte jamais du devoir que lui a tracé l'honneur. Mais, laissons cette malheureuse femme que je n'aime plus, que je méprise, et parlez-moi de votre mariage ; de votre femme, mon bon Gobinac, j'espère que vous n'avez pas eu, jusqu'alors, à vous repentir d'une union consacrée sous les auspices de l'amour, et qu'en échange de la grande amitié que vous a témoignée la comtesse de Ricmann en vous faisant don de sa main et de sa fortune, vous la rendez la plus heureuse femme du monde ?

— Cadédis ! jé lé crois bien, il n'y a qué moi qui suis lé plus infortuné des hommes !

— Vous plaisantez, sans doute ? dit

Antonin en souriant avec incrédulité.

— Sandis ! non, jé né plaisante pas ! sachez, mon cher dé Courvale, qué cé n'est point uné femme qué j'ai épousée, mais un véritable tyran fémelle, un monstre qui mé désespère par son exigeance et par sa jalousie, et fait dé moi son très humble serviteur. Tel qué vous mé voyez, moi, Télémaque Gobinac, propriétaire d'uné vieille femme et dé cent mille livres de rente, moi un dés plus jeunes, des plus aimables et des plus riches seigneurs dé France et dé Navarre, jé né puis faire une démarche, un pas sans la permission dé mon épouse ; qu'il m'est interdit dé recevoir chez moi ni ami, ni connaissances, qui qué cé soit enfin, sans, auparavant, avoir consulté lé bon vouloir dé madame, mieux encore, dé régarder uné femme en face, sans encourir l'horrible martyre d'être pincé ou mordu jusqu'au sang par ma douce et colombe moitié.

— En vérité, Gobinac, j'ai peine à vous croire.

— Eh bien, mon cher, donnez-vous cette satisfaction lé temps qué vous allez passer au milieu dé mon heureux ménage. A propos ! dites-moi donc, si vous avez enfin révu ou du moins entendu parler dé cé cher ami monsieur Anatole Montigny ?

— Non, Gobinac, et horriblement inquiet sur le sort de cet ami, disparu si subitement il y a plus de quinze mois, dont la famille, ni moi, n'avons reçu aucune nouvelle, depuis ce temps. Je vous avouerai que le but principal du voyage que je fais aujourd'hui à Paris, est pour tâcher de retrouver cet ami ou de savoir ce qu'il est devenu, afin de tranquilliser, s'il se peut, des parents inquiets et désolés, ainsi que mon pauvre cœur, auquel un destin cruel s'est plu à ravir tout ce qui lui était cher.

— Sandis! êtes-vous bien sûr que ce cher Montigny ne serait pas à la Bastille, ou enfermé dans quelqu'autre prison d'État?

—Ce qui est assez probable, s'il n'est pas

mort, ce que je vais m'efforcer de découvrir.

— Comment ? sandis !

— En m'adressant à plusieurs personnages puissants, pour lesquels on m'a remis quelques lettres de recommandation.

— Hé, sandis ! qué né vous adressez-vous tout dé suite, dans cette circonstance, à la puissance du jour, à la belle Brizard, conseille Gobinac en riant.

— Quelle amère plaisanterie vous faites là, mon cher, replique Antonin avec sévérité.

—C'est juste, j'ai dit une bêtise et je vous en demande pardon... Ah ça, dites-moi, dé Courvale, est-cé qué nous voulons rester garçon? est-cé qué vous né pensez pas à prendre femme dans votre pays d'Auxerres?

Tel est le désir brûlant de ma mère, qui chaque jour me tourmente pour que je me marie, et même a déjà fait choix de celle qu'elle me destine; mais je n'ai pu encore me décider, tant mes premières et derniè- res amours m'ont indisposé en faveur d'un sexe perfide et inconstant.

Au moment où Antonin terminait ces mots, la porte de la chambre s'ouvrit brus- quement pour laisser voir et entrer l'ex-comtesse de Ricmann, qui, encore plus vieille, plus grosse et plus laide qu'au temps passé, se précipita en courant dans la pièce pour venir placer son visage d'écrevisse sous celui d'Antonin.

—Ah! ah! vous êtes méners? de Couvale! pieu! pien! enchantée de vous voir; ma domestique i havre venu dire à moi qu'une bétite cheune homme était venu voir mon mari, et che accourais bour le mettre à la borte tout de suite.

— Eh bien! qué vous disais-je, mon cher, s'écrie Gobinac avec humeur.

—Y a, che havre bas du tout l'envie que ma bétit mari fasse de mauvaises connaissances qui le dérangeraient de sa ménage, che veux qu'il ne connaisse que son betite femme qui l'adore peaucoup et buis vous, ma betite Antonin... A brobos, comment se borte madame votre mère ?

— On ne peut mieux, madame, et je suis chargé, de sa part, de vous présenter ses civilités et de vous renouveler l'assurance de sa parfaite considération. Maintenant, madame, veuillez, à mon tour, me permettre de m'informer de l'état de votre précieuse santé.

— La betite santé à moi i serait pien ponne pien meilleure, si la betite homme de moi n'havre bas sans cesse donné à ma cœur des sujets de jalousie, si elle voulait adorer moi comme che adore elle.

— Cadédis! qué faut-il donc faire pour vous prouver mon amitié? franchement, jé l'ignore et j'y perds mon latin! s'écrie Gobinac en colère.

— Che voudrais, ma chéri, que tu havre toujours moi sur ta cœur ! répond câlinement la grosse femme.

— Merci, céla sérait trop pésant! dit l'époux.

— Che voudrais encore que tu m'emprasse toujours, toujours, et surtout que tu n'havre bas des yeux bour d'autre que bour ton betite femme.

— Mais, madame Gobinac, au lieu dé débiter des bêtises, les choses inconvénantes qué vous dicte une passion effrénée, vous feriez beaucoup mieux, ce mé semble, d'accueillir convénablement lé fils dé votre intime amie et surtout, d'aller donner des ordres pour lé déjeûner, dont cé chei Antonin doit ressentir lé pressant besoin après un long voyage.

— Ya, ya! abrès qué vous aurez emprassé votre betite femme, répondit l'allemande en se penchant sur Gobinac qui, pour se débarasser d'elle, lui appliqua un gros baiser sur la joue.

Huit jours après son arrivée à Paris, Antonin de Courvale étant sorti un beau matin de l'hôtel des époux Gobinac, s'élança dans la ville, vêtu avec élégance et goût, pour monter ensuite dans un carrosse de louage dont les chevaux, d'un pas lourd et lent, prirent la route de Versailles. Arrivé dans cette dernière ville, dans ce séjour des rois, notre gentilhomme provincial se présenta au château, où il fut admis en présence de hauts et puissants personnages, avec lesquels il avait à s'entretenir d'affaires importantes, d'une, entre autre, concernant la fortune de sa mère et la sienne qu'un malheureux et injuste procès, que leur intentait l'intendant de leur province, menaçait d'engloutir en totalité. Reçu avec hauteur et dédain, malgré les lettres qui le recommandaient à l'indulgence de ces hommes, ajourné, congédié avec des paroles décourageantes, Antonin, triste et pensif, se disposait à quitter le château, lorsqu'en traversant une galerie qui conduisait aux appartements privés du roi, il vit venir au loin et devant lui, plusieurs seigneurs qui tous s'empressaient autour d'une femme jeune et souriante de laquelle ils semblaient envier un regard, un mot favorable. Antonin, peu soucieux d'une pareille rencontre, aurait désiré l'éviter; mais le moyen? aucune issue ne se présentait.

— O ciel! en croirai-je mes yeux? c'est elle! c'est la perfide Denise! L'infâme! comme elle paraît heureuse! Comme ces hommages qu'on lui rend semblent l'enivrer d'orgueil... Dieu ! quelle est belle ! plus belle encore qu'elle ne le parut jamais à mes regards. Comment l'éviter ? comment fuir sa rencontre, sa vue ? Hélas ! elle me regarde, elle pâlit... me reconnaîtrait-elle ? O mon cœur ! mon pauvre cœur, ne bats pas ainsi, souviens-toi que cette femme t'a trahi, oublié, frappé mortellement !

Et tandis qu'Antonin pensait ainsi, immobile, enchaîné à la même place par une force invincible que son regard obstinément attaché sur Denise ne pouvait s'en détacher ; cette femme et les seigneurs qui l'accompagnaient passaient devant lui. Anéanti, l'âme dévorée d'amour, de regret et de douleur, Antonin, qui se sentait défaillir, se laissa tomber sur une banquette, où il fut arraché de l'engourdissement dans laquelle il était resté plongé l'espace d'une heure, par un vieil officier à l'air vénérable qui vint s'asseoir à côté de lui pour l'interroger en ces termes :

—Seriez-vous indisposé, mon jeune ami?

— Non, monsieur, j'attends ici quelqu'un, fit reponse le jeune homme en essayant de se lever, mais que le vieil officier retint par le bras.

— Attendriez-vous, par hazard, que les gens auprès de qui vous êtes venu solliciter aujourd'hui à Versailles, viennent vous apporter consolation et espoir? Alors, vous resteriez longtemps à cette place, croyez-moi.

— Quoi ! vous savez, monsieur?..

— Toutes vos affaires, combien on vous a tantôt ici abreuvé de dégoût, d'humiliation; et moi, jouissant de quelque crédit dans cette cour, dans ce foyer d'intrigue, d'abus et de corruption, prenant votre peine en pitié, je me suis décidé à vous venir en aide, à vous protéger de tout mon pouvoir, monsieur Antonin de Courvale.

— Quoi ! monsieur, vous savez aussi

mon nom? s'écrie Antonin au comble de la surprise.

— Et bien autre chose encore, mon jeune ami... Mais, voici l'heure où on va fermer cette galerie, où mon service me réclame, où il faut nous séparer pour nous revoir bientôt... Tenez, voici mon nom, mon adresse, venez après demain matin sur les dix heures chez moi, à Paris, où nous causerons de vos affaires, où je vous apprendrai ce que, d'ici là, j'aurai déjà fait d'heureux dans vos intérêts... Adieu, monsieur de Courvale, au revoir, au revoir!

Et cela dit, l'officier, après avoir pressé la main d'Antonin, s'éloigna sans plus attendre. Quelques minutes encore, afin de bien se remettre de l'émotion et de la surprise où venait de le plonger l'apparition de ce protecteur inattendu, et notre jeune baron quitta le château pour reprendre la route de Paris, puis chemin de l'hôtel de Gobinac, situé non loin de la porte St-Antoine où il trouva le gascon en train d'expier une récente rébellion aux volontés de sa femme et condamné, sous peine d'être pincé ou mordu, à tourner au coin du feu le rouet de la dame, tandis que cette dernière filait en silence.

V.

Entrevue.

Le lendemain de son voyage à Versailles et au retour de plusieurs courses par la ville, Antonin, en rentrant, trouva chez ses hôtes une lettre à son adresse qu'un inconnu avait apportée dans la matinée, lettre dont le jeune homme, après s'être enfermé chez lui, s'empressa de briser le cachet pour lire ces quelques lignes que lui adressait une main inconnue, qui ne s'était même pas donné la peine de signer:

« Une personne désire voir et entretenir M. de Courvale, plus encore, recevoir ses consolations; si son cœur est toujours le même, c'est-à-dire, bon et sensible, il ne repoussera sans doute pas la prière qui lui est adressée dans cette lettre, celle de venir ce soir au rendez-vous que lui indique un être malheureux qui, ayant foi dans son obligeance, l'attendra à la neuvième heure, dans une maison de la rue du Chaume, au Marais, portant le numéro 7. Monsieur de Courvale n'aura qu'à se présenter pour être aussitôt introduit. »

Après avoir lu cette mystérieuse invitation, Antonin se mit à réfléchir quelques instants. Qui peut lui donner ce rendez-vous ? Que peut-on avoir à lui dire ? N'importe; il ira, car celui qui le demande se dit malheureux et paraît désirer ses consolations.

Ce parti pris, notre jeune homme acheva la journée avec les époux Gobinac, ce qui le rendit de nouveau témoin des ridicules exigences d'une vieille folle amoureuse et jalouse à l'excès.

Ayant entendu sonner la demie après huit heures, le baron de Courvale ceignit son épée; prit son chapeau et s'achemina vers le Marais et la rue du Chaume. Neuf heures se faisaient entendre à toutes les horloges du quartier, lorsqu'après avoir distingué, à travers l'obscurité qui régnait dans la rue, le numéro 7 tracé sur la muraille d'une maison basse et de pauvre apparence, Antonin frappa deux coups sur la porte que vint aussitôt lui ouvrir une vieille femme à la physionomie vénérable, aux manières nobles et polies, laquelle, sur la déclinaison de son nom, l'engagea à la suivre pour l'introduire à travers un petit escalier et plusieurs chambres propres et passablement meublées, dans un petit salon où cette conductrice le laissa après l'avoir engagé de vouloir bien attendre un instant et de prendre patience. Resté seul dans cette pièce qu'éclairaient plusieurs bougies placées dans des candélabres, de Courvale porta son regard autour de lui, sur les meubles, les tableaux de sainteté qui décoraient la pièce, puis machinalement il ouvrit quelques livres qu'il venait d'appercevoir sur une table placée près de lui.

— Décidément, tout m'indique que je suis ici chez des gens religieux, d'ordre et de bon goût, ce qui doit me donner confiance, murmurait Antonin, lorsque le bruit d'une porte qui s'ouvrait lui fit tourner la tête et apercevoir une jeune femme d'une mise simple mais distinguée, dans qui, à sa grande surprise, il reconnut aussitôt Denise : oui, Denise qui, pâle et tremblante, s'avançait vers lui les yeux baissés.

— C'est vous, madame ? Ah ! si je l'avais su ! s'écria alors Antonin en proie à une forte émotion tout en se levant vivement.

— Vous ne vous seriez pas rendu à mon

invitation, monsieur? dit la jeune femme d'un doux accent.

— Certes, non! répond de Courvale.

— Hélas! j'ai donc beaucoup démérité dans votre estime, monsieur? Que suis-je maintenant à vos yeux, pour que ma présence soit pour vous un semblable motif de regret et de contrainte? reprit Denise en tombant faible sur un siége.

— Hé, madame, d'après votre indigne conduite à mon égard, devions-nous jamais nous revoir? Or, j'ai peine à comprendre le but de cette entrevue et ce que vous en espérez, dit le jeune homme en affectant un humeur que son cœur agité était loin de ressentir, surtout en retrouvant si belle, si douce et pleine d'abnégation cette femme qu'il avait tant aimée.

— Le but que je me suis proposé, en vous appelant à moi, monsieur, n'est autre que le désir de me justifier à vos yeux.

— Ceci est tout à fait inutile et vous serait, je pense, fort difficile, madame.

— Hélas! au nom de l'amitié et de l'estime que vous me portâtes jadis, ne me parlez pas avec ce mépris qui, de votre part, me désespère et me tue, dit Denise d'une voix suppliante.

— Parlez, madame, je vous écoute; efforcez-vous, s'il se peut, de justifier votre infidélité, l'affreux et cruel abandon dans lequel vous m'avez laissé ; deux crimes de votre part qui ont failli me donner la mort! Oui, justifiez-vous encore sur votre conduite, sur cette honteuse prostitution dont chacun vous accuse. Oh ! parlez, parlez ! faites-vous innocente à mes yeux, si cet effort est possible, vous qui avez échangé votre honneur contre de l'or et des faveurs de cour, vous la maîtresse d'un roi après avoir été celle d'une foule de courtisans libertins...

— Ainsi, telle est votre opinion sur ma personne et ma conduite, monsieur? Inutile alors, comme vous le dites, d'essayer de me justifier à vos yeux, interrompt Denise avec fierté et en quittant le siége qu'elle occupait pour continuer ainsi d'une voix ferme : «Devant Dieu que je prends à témoin, au nom de tout ce qui m'est cher et sacré, j'affirme être innocente et pure des fautes dont on m'accuse, de n'avoir jamais failli à l'honneur ni à la vertu.

— Il se pourrait ? mais non, c'est impossible ! Au moins, Denise, expliquez donc votre conduite ; pourquoi vous m'avez abandonné et préféré pour époux un Laridon, un chevalier d'industrie ; pourquoi encore, vous jadis si modeste, la candeur et la vertu même, vous avez subitement foulé à vos pieds ces précieuses qualités pour prendre le masque et l'allure d'une courtisane. Oh! oui, expliquez-moi tout cela, sortez-moi, s'il se peut, de l'étrange surprise, de l'extrême douleur où m'a plongé votre perte, où me plonge encore une conduite que je ne puis comprendre, s'écrie Antonin suppliant et en proie à un trouble extrême.

— En vous fuyant, en renonçant à vous, à une union qui devait faire ma gloire et mon bonheur, qu'il vous suffise de savoir, monsieur, que je n'ai fait que céder à une volonté supérieure qui m'imposa votre perte et mon union avec un autre, comme étant un sacrifice nécessaire.

— Mais cette volonté, ce sacrifice n'ont

pu vous être imposés que par votre père, reprend Antonin impatient.

— Oui, par mon père, réplique tristement Denise.

— Pour que l'auteur de vos jours vous donnât un tel époux, il y avait donc urgence, nécessité impérieuse? Oh! parlez! cet homme menaçait-il la vie ou la liberté de votre père? Enfin, quelle puissance a été assez forte pour pousser le docteur Minard à faire le malheur et la honte de sa fille bien aimée, à parjurer la promesse qu'il m'avait faite de m'accepter pour gendre?

— Je voudrais pouvoir vous instruire,

afin de bien me justifier à vos yeux et de reconquérir votre estime; mais ce secret, dont vous m'engagez à soulever le voile, est celui de mon père et je dois le taire... Antonin, qu'il vous suffise donc de savoir que je vous aimais d'amour extrême, qu'en renonçant à vous, en vous perdant, j'ai perdu tout le bonheur de ma vie, sacrifice affreux, douleur profonde que le devoir m'a forcé d'accepter... Maintenant, c'est l'âme en proie au plus profond désespoir, que je vous demande à genoux de ne point me maudire, de ne point me confondre avec ces femmes éhontées qui ont perdu toute pudeur.. Ah ! croyez-moi, monsieur, croyez-moi ! malgré la trompeuse apparence qui m'accuse, je suis pure, innocente et décidée à mourir mille fois, avant de faillir à l'honneur, à la vertu. Voilà, monsieur, ce que je voulais vous dire, ce qui m'a fait désirer avec vous ce dernier entretien.

— Hélas! hélas! je voudrais vous croire, car je vous aime encore plus que ma vie, chère Denise, et il m'en coûte trop de vous mépriser... Au nom du ciel! par pitié pour vous et pour moi qui souffre tant, confiez-moi cet important et funeste secret auquel je suis redevable de votre perte et de notre malheur commun, ce secret, à la conservation duquel il vous a fallu sacrifier vos plus chères affections; alors, n'ayant plus qu'à admirer en vous l'obéissance et le dévouement filial, mon cœur, débarrassé du poids affreux qui l'oppresse, vous plaindra et vous regrettera le reste de sa vie.

— Trahir mon père! Oh! jamais! s'écrie Denise avec force. Je vous le répète, monsieur de Courvale, dans tout ce que j'ai fait, depuis un an que nous sommes séparés, tout, jusqu'à cette conduite légère qui m'attire le blâme des honnêtes gens, cette manière d'être et d'agir tant en opposition avec ma pensée et mes goûts, m'ont été imposées et me le sont encore chaque jour, à chaque heure, sans qu'il soit possible de me soustraire à ce honteux despotisme, sous peine d'être mille fois plus malheureuse et plus à plaindre encore que je ne le suis.

— Mais, c'est infâme ! c'est horrible ! et ma tête s'égare rien qu'en essayant de trouver le mot de cette affreuse énigme ! Denise! chère Denise! éclairez-moi, de grâce, sur ce funeste mystère; ah ! faites qu'il me soit permis de vous arracher au despotisme qui vous impose la honte et le malheur; parlez, oh! parlez, car j'entrevois ici d'horribles machinations, la fraude et le mensonge. Denise, on vous trompe afin de mieux vous opprimer: dites un mot; et peut-être alors me sera-t-il permis de vous rendre au repos et au bonheur.

— Non, non, n'espérez pas m'arracher mon secret, car mon père est là, là, qui me crie silence, et me demande grâce et pitié ! s'écrie la jeune femme en larmes et la tête égarée.

— O mon Dieu! tout ceci cacherait-il

un crime? se mit à murmurer Antonin, en fixant sur Denise un regard où se peignait l'épouvante ; et comme Denise, pour lui répondre, levait des yeux noyés de larmes, la porte s'ouvrit précipitamment pour laisser entrer la vieille dame qui s'avança vers Denise.

— Madame, il vient de rentrer, il vous appelle, il vous cherche, il est furieux et a la menace à la bouche. Ah! venez vite, car c'est pour vous conduire chez le roi, qui veut vous voir et vous demande à Versailles. Hâtez-vous ! s'empressa de dire la dame encore hors d'haleine.

— Vous entendez, monsieur? Eh bien !

malgré moi il faut obéir; plaignez-moi, dit Denise de l'accent du désespoir.

— Vous plaindre! allons donc! partez, hâtez-vous, madame, car votre royal amant vous réclame et vous attend. Cela dit et accompagné d'un sourire ironique, Antonin, sans pitié pour le regard suppliant que fixait sur lui Denise atterée et palpitante de douleur, Antonin donc, s'éloigna d'un pas rapide et gagna la rue où, sans témoin, il donna aussitôt cours au torrent de larmes qui le suffoquaient, en murmurant:

— Hélas! je l'aimais tant! je ne pouvais l'oublier et il me faut la mépriser! Ah! c'est affreux!

En moins d'un année, grâce au trafic avantageux que faisait Brizard Laridon, cet homme, de simple locataire d'abord de l'hôtel qu'il occupait dans la rue des Trois-Pavillons, en était devenu le propriétaire. Devenu maître de cette riche demeure, notre chevalier d'industrie s'était donc empressé d'y faire des embellissements et de remplacer l'ancien mobilier par un autre plus moderne et duquel rien ne pouvait surpasser la richesse et la beauté. C'était dans ce somptueux séjour que cet homme, que nous rencontrâmes jadis au Cours-la-Reine, pauvre et couvert de haillons, se prélassait orgueilleusement et commandait à un monde de valets revêtus d'une brillante livrée, où il donnait insolemment audience à une foule de solliciteurs auxquels il vendait effrontément, à prix d'or, des emplois, des places, des titres et des pensions, tout ce qui aurait dû être, sous un plus honnête gouvernement, la récompense du mérite ou de la valeur. C'était encore dans une des nombreuses et élégantes pièces de cette magnifique demeure que Laridon, le regard furieux, le visage enflammé se promenait à grand pas en donnant les signes de la plus vive impatience.

— Sortir, s'absenter, au moment où elle m'est le plus nécessaire ; au moment où le roi l'envoie chercher ! Mais la malheureuse veut donc me ruiner ou que je fasse pendre son coquin de père? murmurait Laridon en frappant du poing avec fureur sur les marbres et les meubles au moment où Denise, pâle et se traînant à peine, entrait dans l'appartement et se présentait à ses regards.

— Tudieu ! femme du diable, d'où sortez-vous ? reprit notre homme en s'avançant sur Denise.

— De la chapelle, où j'ai prié pour mon père.

— Votre père ! je l'enverrai incessamment au bourrau, si vous n'apportez plus de zèle dans mes intérêts... Allons, à votre toilette, vite ; et en route pour Versailles, la belle ; car le roi vous demande.

— Mais, monsieur, je suis ce soir malade, souffrante, et...

— Qu'importe ! les affaires par-dessus tout, et encore mieux lorsque c'est un roi qu'il s'agit de satisfaire. Hâtez-vous, ma chère Denise, songez qu'il faut notre fortune qui est, je vous jure, en fort bon chemin, grâce à votre adresse et à vos charmes, et laquelle, depuis longtemps, égalerait celle d'un prince du sang, si, par votre farouche bégueulerie, vous n'aviez rebuté déjà vingt personnages des plus puissants et des plus généreux.

— Hélas ! cet horrible rôle que vous m'imposez, n'aura-t-il jamais une fin ? se mit à soupirer Denise.

— Parbleu, la belle, je vous conseille de vous plaindre d'un emploi qui ne vous procure que plaisir, hommages et adoration de la part de tout ce que la cour et la ville ont de gens aimables et distingués; d'un emploi qui met à vos pieds roi, princes et seigneurs qui, tous à l'envi, se disputent vos bonnes grâces, le moindre de vos sourires. Allons, allons, vous êtes aussi sotte qu'injuste, ma mie, en pleurnichant et vous plaignant sans cesse d'un sort que vous envient les plus nobles comme les plus puissantes dames de la cour. Mais assez causer, ma chère, et, de ce pas, courez à votre toilette.

Une heure après cet entretien et comme minuit sonnait, Denise, accompagnée de son digne époux, après être montée en carrosse, roulait sur Versailles.

— Çà, ma chère femme, se mit à dire en route Laridon, rendez-moi compte, s'il vous plaît, de l'état des affaires que je vous ai chargée d'amener à bien.. Le duc de St-Aigremont consent-il enfin à céder son régiment au petit prince de Carignac? vous savez que cette cession doit me rapporter deux mille louis?

— Monsieur de Saint-Aigremont refuse, répondit Denise.

—Tudieu ! c'est que pour le décider vous n'avez point assez joué de la prunelle, ma chère. Il faudra revoir ce duc et déployer tous vos moyens de séduction pour l'amener où nous voulons... D'après ma recommandation, avez-vous fait votre visite à monsieur de Richelieu, afin de le détourner du projet qu'il s'est mis en tête de faire de madame d'Etiole, la maîtresse du roi? projet dont la réussite vous serait nuisible, chère épouse, auprès du souverain qui, peut-être, déjà fatigué de vos grimaces et de votre pruderie, accepterait volontiers pour favorite une femme non moins belle que vous, et beaucoup plus facile.

— Je n'ai osé, monsieur; l'audace, la réputation galante et redoutable du duc de Richelieu m'ont fait craindre et reculer devant cette démarche.

— Sottise de votre part; avez-vous peur que Richelieu vous prenne de force?

— Je redoute l'insulte à laquelle vous m'exposez sans cesse, monsieur.

— Vous irez chez le duc, pas plus tard que demain, je le veux, cela sera !

A cet ordre impérieux, Denise ne répondit que par un profond soupir.

— A propos, la famille du prince de K... lequel est enfermé depuis trois ans à la bastille, de par ordre du roi, me fait offrir cent mille livres si, par votre crédit auprès de Sa Majesté, je parviens à lui faire rendre la liberté. L'affaire est bonne et faisable, vous vous en occuperez sérieusement.

— Accordez-moi au moins le droit de

demander aussi la liberté de mon pauvre père qui, depuis un an, et sans pitié pour sa souffrance, pour mes larmes et mes prières, vous retenez sous les verroux d'une lugubre prison.

— Certes, je ne demanderais pas mieux que de voir le cher beau-père en liberté et de vivre avec lui en bon camarade, mais aussi pourquoi est-il autant rageur et se permet-il d'attenter à ma vie, chose perfide et des plus indélicates, surtout envers un ancien ami de jeunesse et de débauche? ce qui fait, madame, que je vous défends de lui faire ouvrir la cage sans ma permission, sous peine de dénonciation et de pendaison de par sentence de haute et criminelle justice.

— Mon Dieu! ne m'arracherez-vous jamais à cette odieuse et cruelle domination! Dieu puissant, prenez ma vie, car je ne me sens plus la force de la supporter! se mit à murmurer Denise douloureusement, prière que Laridon salua d'un bruyant éclat de rire.

La route venait de s'achever en silence, et le carrosse de s'arrêter dans la cour du château de Versailles, lorsqu'un chambellan, prenant Laridon à part à sa descente de voiture, lui annonça que le roi, s'étant subitement trouvé indisposé dans la soirée et ne pouvant recevoir, remettait au lendemain l'audience particulière qu'il consentait à accorder à madame Brizard. En apprenant ce contre-ordre, Denise en ressentit autant de joie que son indigne mari en éprouva de mécontentement; mais ce n'était que partie remise, car, après avoir achevé le reste de la nuit dans une hôtellerie de Versailles, la pauvre femme, ainsi qu'un condamné conduit au supplice, fut ramenée au château dans la matinée, et introduite dans l'appartement privé du souverain. Louis XV, en voyant entrer cette femme pâle et languissante, qui s'efforçait de grimacer le sourire, s'empressa de venir à sa rencontre pour la conduire sur un siége où il se plaça à ses côtés.

— Sire, je viens à vous...

— Demander quelques grâces et faveurs de par ordre de votre mari, je sais cela ; mais avant d'écouter votre supplique, je veux et j'exige, charmante Brizard, que vous me fassiez entendre certaine réponse qu'il me tarde d'apprendre et que vous m'avez promise, dit le roi, interrompant Denise, et en passant un bras amoureux autour de sa taille divine.

— Sire, qu'exigez-vous? que je vous aime d'amour, que je cède aux transports du tendre sentiment que je vous ai inspiré, dites-vous? hélas! soyez indulgent, bon comme il vous plaît de l'être souvent, en n'exigeant rien de ce qui pourrait porter atteinte à mon honneur.

— Quoi! autant de vertu, de résistance, lorsque tant de femmes !... en vérité, madame, je ne puis comprendre cette obstination de votre part, à vouloir me rendre le plus amoureux comme le plus malheureux des hommes, en venant sans cesse ici exposer à mes yeux éblouis vos attraits enchanteurs, attiser mes désirs brûlants, lorsque votre cœur impitoyable a juré de rester insensible à mon amour.

— Sire, en osant ainsi venir vous importuner, hélas! je ne fais qu'obéir, vous le savez...

— Oui, aux volontés du plus exigeant des hommes qui, parfaitement convaincu de la puissance irrésistible qu'exercent les divins attraits de sa charmante femme, s'en fait un mérite, une arme même pour nous arracher grâces et faveurs. Oh! le drôle est adroit! quant à moi, belle Brizard, ne voulant pas être plus longtemps la dupe de cet ambitieux mari et le martyr de l'indifférence de sa femme, trouvez bon que je réserve mes largesses pour qui m'aimera et m'en donnera la preuve.

— Sire, me feriez-vous l'injure de douter de l'amour et du dévoûment de votre fidèle sujette ? demanda Denise en souriant.

— Aimez tant qu'il vous plaira le roi de France, de cet amour public que lui portent vingt millions de sujets, mais c'est un amour moins général, plus expressif que vous demande aujourd'hui, non le roi, mais un amant qui vous adore, répond Louis en attirant à lui la tête de la jolie femme, pour déposer un brûlant baiser sur ses lèvres et tenter, en même temps, un larcin amoureux.

— Pitié, sire ! s'écria alors Denise en s'échappant des bras du souverain pour courir, rouge et alarmée, se réfugier à l'extrémité de la chambre. Ah ! laissez-moi, sire, car plutôt mille fois la mort que le déshonneur, même de la part d'un roi, reprit Denise effrayée en cherchant à éviter Louis qui, le regard enflammé, la poursuivait les bras ouverts pour la saisir de nouveau. Hélas ! n'est-il donc nulle sécurité pour une femme honnête, même auprès de ceux que Dieu a placés sur terre et qu'il a fait rois pour protéger la vertu contre les atteintes du vice ?

dit Denise de l'accent du désespoir.

A ces mots, Louis s'arrêta subitement en fronçant le sourcil, puis s'en fut se jeter pensif sur un siége.

— Grâce! si mes paroles ont pu vous offenser, sire, reprit la jeune femme un instant après, en voyant le roi mécontent, garder le silence et tenir les yeux baissés.

— Les rois, madame, ne sont pas plus que les autres hommes exempts de faiblesses et de passions, et s'ils succombent quelquefois, la faute est à ceux qui sont assez vils pour spéculer sur leurs faiblesses, répondit Louis avec humeur.

—Oh! je sais que vous êtes fort et généreux lorsque vous le voulez ; je sais encore, sire, qu'étant habitué en amour à des triomphes faciles, vous n'en estimez que davantage la vertu et l'honneur chez une femme, et c'est convaincue de ces grandes qualités que vous possédez, que je me rapproche de vous, mon roi, sans regret et sans crainte, afin de vous demander grâce et respect, faisait entendre Denise en s'avançant vers le roi pour s'agenouiller à ses pieds.

— Relevez-vous, enchanteresse, je vous déteste ! allez-vous-en, je ne veux plus vous revoir jamais, reprend Louis en donnant du bout des doigts un petit soufflet amical à Denise, qui, s'emparant aussitôt de la main du monarque, la porta à ses lèvres pour y déposer un baiser.

— Tenez, vous êtes une petite sauvage et en même temps une petite sotte car; enfin, cette grande vertu dont vous êtes si fière, croyez-vous donc que le monde y ajoute foi et vous en tient compte lorsqu'il vous sait ici, avec moi, en audience particulière? Non, non! ne le pensez pas, car tous vous disent ma maîtresse et ils se trompent sur notre compte en vous calomniant et en me croyant heureux par votre possession.

— Sire, que votre estime me soit acquise, que ma conscience ne me reproche rien, et je suis contente.

— Cela ne suffit pas, enfant; car il ne s'agit pas d'être sage, il faut encore passer pour tel, et ceci vous est interdit, grâce aux visites que vous m'avez faites, aux quelques faveurs que j'ai distribuées d'après votre demande. Ah! votre mari est un grand fou ou un grand coupable! dit le roi indigné, pour reprendre vivement : voyons ce qu'il vous envoie demander?

— Veuillez lire, sire, répond Denise en présentant un papier.

— Qu'est cela!... une demande en grâce de la part du prince de K...; non, non! ce drôle mourra à la Bastille, je l'ai promis.

— Sire, un peu de clémence, et Dieu

vous en récompensera, dit Denise d'une voix suppliante.

— Or ça, madame, savez-vous que celui pour qui vous implorez ma clémence est un homme abominable qui s'avisait, pour passer son temps, à tirer sur mon peuple comme sur un gibier de chasse; crime qui devait lui coûter la vie, dont je lui ai fait grâce, mais à la condition qu'il achèverait à la Bastille le reste de ses jours, et je tiendrai parole. Point de miséricorde pour les scélérats et les assassins !

A ces derniers mots prononcés avec fermeté, Denise sentit tout son corps frissonner; la pauvre femme venait de penser à son père. Encore quelques instances en faveur du prince prisonnier, mais voyant le roi tenir bon, Denise n'insista plus, et quelques minutes après elle prit congé de Sa Majesté, dont un gracieux sourire lui prouva qu'elle emportait l'estime et l'amitié du roi.

— Eh bien! cette grâce du prince? s'informa vivement Laridon en revoyant sa femme.

— Inutile d'y penser, monsieur, le roi la refuse avec opiniâtreté.

— Bonne récompense perdue; c'est fâcheux! mais je m'en console en pensant au crédit immense que me procure aujourd'hui l'audience secrète que vient de vous accorder Sa Majesté ; car, ma chère, qui, désormais, osera faire entendre un refus au mari de la favorite du roi! s'écria, joyeux, Laridon, à qui Denise ne répondit que par un soupir et par un regard de mépris.

VI.

Incidents divers.

Le surlendemain de son entrevue avec Denise, Antonin, l'âme affaissée par la douleur et après une nuit sans sommeil, se leva de grand matin afin d'avoir le temps d'écrire quelques lettres et surtout à sa mère, avant de se rendre chez le vieil officier de Versailles, ce protecteur inconnu que lui avait envoyé la Providence. Comme le jeune homme était à son bureau, Gobinac, tout joyeux, vint l'interrompre pour lui communiquer un de ces papiers du jour, appelé *Nouvelles à la main,* sorte de Gazette en opposition avec le gouvernement, moyen de suppléer au despotisme de la censure qui, en dépit de la police, se vendait et distribuait ouvertement; feuilles hardies qui dénonçaient les turpitudes du pouvoir, les exactions des gens en place, et les anecdotes croustilleuses, scandaleuses, dévergondées de la cour et de la ville; feuilles enfin, où, bien souvent, le mensonge et la calomnie prenaient leurs franches coudées.

— Sandis ! mon cher Antonin, voici dé quoi vous consoler dé la perte d'une ingrate maîtresse, et capable dé changer envers elle vos regrets, votre amour en un mépris souverain... Ténez, lisez cé pétit article qué renferme cé journal, et dites-moi après cé qué vous en pensez.

Antonin, troublé, prit donc la feuille pour lire ce qui suit :

« Hier, la belle madame Brizard, dont
» la beauté fait en ce moment sensation
» à la cour comme à la ville, a été reçue
» par le roi, qui lui a accordé une audience
» secrète de plus de trois heures. On
» assure que cette jeune et belle femme,
» dont Sa Majesté est, dit-on, fort éprise,

» ne vise à rien moins que de supplanter la
» favorite en titre. »

— L'infâme! accepter tant de honte! s'écria Antonin après avoir lu et en froissant la feuille avec colère.

— J'espère, mon cher, qué mainténant la chose est claire; trois heures avec lé roi, avec lé plus puissant galantin dé France, voici qui dit tout et est positif, sandis!

— Hélas! s'il ne m'est plus permis de l'estimer, qu'il me soit au moins permis de la plaindre, moi, qui l'ai tant aimée! s'écria Antonin les yeux noyés de larmes.

— Cadédis! et moi donc qui l'adorais,

quelle déception! ami, nous nous consolérons ensemble ; mais, pour lé quart-d'heure, permettez qué jé vous quitte, afin de rétourner auprès dé mon adorable moitié, dé ma légitime qui, cé matin, est d'une exigence monstrueuse.

Ayant dit, Gobinac s'échappa de la chambre, et de Courvale, resté seul, soupira douloureusement.

— C'en est fait, oublions-la, oublions cette femme indigne des regrets et de l'amour d'un honnête homme, murmura le jeune homme, en essuyant ses pleurs, pour ensuite reprendre la plume et essayer, mais en vain, de continuer sa correspondance.

L'heure étant arrivée de se rendre chez le vieil officier, de Courvale se mit en route pour se présenter à la demeure de son protecteur, qui l'attendait et vint à sa rencontre en lui faisant le plus aimable accueil.

— Asseyons-nous, mon jeune ami, et hâtez-vous de m'expliquer les affaires qui vous amènent à Paris et vous font solliciter à la cour, dit l'officier.

Invitation à laquelle Antonin s'empressa de se rendre en s'étendant longuement sur le procès qu'intentait, à sa mère ainsi qu'à lui, le gouverneur de leur province.

— Fort bien! sous peu on vous fera

justice des prétentions de cet incivil gouverneur; soyez sans inquiétude et croyez votre affaire en bonnes mains. Maintenant, mon jeune ami, sans craindre d'abuser de l'intérêt que je vous porte et que vous m'avez inspiré, dites-moi franchement si vous seriez flatté d'occuper quelque poste honorable et lucratif, soit à la cour, soit dans le gouvernement?

— A la cour, oh! jamais! merci, monsieur, de votre offre obligeante; mais mon unique désir est de vivre en paix et obscur dans la province qui m'a vue naître, et d y consacrer mon temps et mes soins à la meilleure des mères que je prie Dieu de me conserver.

— Ainsi vous n'avez rien autre à exiger

de moi, hors mes soins pour arrêter ce malheureux et injuste procès qui menace votre fortune ?

— Rien autre, monsieur, répondit Antonin ; puis après un instant de silence : cependant, reprit-il, j'oserai encore abuser de votre extrême complaisance en vous priant de m'indiquer les moyens les plus sûrs pour me procurer des nouvelles du marquis Anatole de Montigny, un de mes amis d'enfance, bon et excellent jeune homme, dont la subite disparition, plonge sa famille et ses amis dans la plus vive inquiétude.

— Ce jeune homme occupait-il quelque emploi ? s'informe l'officier.

— Au moment de sa disparition, il sortait des mousquetaires de la maison du roi; je vous dirai encore qu'on le suppose enfermé dans quelque prison, à la Bastille, peut-être.

— Je m'en informerai, et, à moins que quelque faute grave n'ait été la cause de sa détention, je pourrai sans doute vous rendre cet ami.

— Que votre charité est grande, monsieur, et combien je vous devrai de reconnaissance. Mais quelle est donc l'étendue de votre puissance, pour pouvoir, à votre guise, obliger ainsi les malheureux ?

— Ma puissance n'est autre que celle

du roi qui, jaloux de réparer autant que possible les injustices et les erreurs de ceux à qui il confie le bonheur de ses sujets, daigne prêter, de temps en temps, l'oreille à mes réclamations. Par exemple, hier, j'étais tout prêt de lui parler de vous, de l'intéresser en votre faveur, lorsqu'il m'a fallu le quitter pour faire place à madame Brizard, à qui il désirait donner audience.

— A Denise ! exclama Antonin avec tristesse.

— Ah ! ah ! vous savez le nom de cette femme charmante ? auriez-vous l'avantage et le bonheur de la connaître, et d'être connu d'elle ?

— Oui, répond tristement Antonin.

— Alors je vous en félicite, mon jeune ami. Quelle femme ! ou plutôt quel ange de beauté et de vertu ! dit l'officier avec enthousiasme.

—Ah ! dites plutôt quelle infâme et honteuse courtisane, car ainsi mérite d'être traitée la maîtresse banale des seigneurs et des puissants du jour, s'écrie Antonin avec indignation.

—Monsieur de Courvale, j'ignore ce qui a pu mériter de votre part, à madame Brizard, les dénominations injurieuses que vous venez de faire entendre, mais ce qu'il y a de certain, est que vous prodiguez l'injure à la femme la plus sage comme la plus inoffensive, et que la calomnie a seule ternie à vos yeux. Croyez-moi, jeune homme, plaignez-la, et ne l'insultez pas.

—Hélas! c'est que vous ne savez pas tout ce que cette perfide m'a fait endurer de douleurs; vous ne savez pas que je l'aimais d'amour extrême, qu'elle disait m'aimer aussi, qu'elle allait être ma femme, que pour nous unir le prêtre nous attendait à l'autel, et que la perfide m'a fui, abandonné sans pitié, pour courir se faire l'épouse d'un homme infâme, d'un Brizard, d'un chevalier d'industrie qui a fait d'elle, elle! jadis jeune fille modeste et pure, une solliciteuse éhontée, payant de ses caresses la faveur, la complaisance des grands, et aujourd'hui devenue la maîtresse du roi.

— Erreur, vous dis-je ; seriez-vous par hasard de ces gens qui, n'accordant aucun pouvoir, aucun ascendant à la vertu, se plaisent à ne voir que le prix du vice dans la récompense accordée au mérite et à l'honneur ? interroge froidement l'officier.

— Dieu m'en garde ! mais, ici, c'est en vain que vous vous efforcez, monsieur, de vouloir justifier à mes yeux une femme dont le déshonneur est public et qui a perdu l'estime de chacun.

— Et moi je vous dirai, jeune homme,

qu'il ne faut jamais se fier aux apparences, et que toutes celles qui accusent madame Brizard sont fausses, cent fois fausses !

— Hélas ! que n'est-ce vrai !

Corbleu ! me presnez-vous pour un menteur ou une dupe ? Non, non ! apprenez, en plus, que cet esprit d'intrigue qui vous fait si mal augurer de la conduite de Denise, et s'harmonise si peu avec ses goûts et son caractère, que toutes ces démarches, faites par elle, auprès des princes et des seigneurs, lui sont cruellement imposées par son mari, le plus lâche et le plus honteux des hommes; que la pauvre femme forcée d'obéir, de courber la tête sous un joug impitoyable, se meurt, chaque jour, de douleur et de honte.

— S'il en était ainsi, ne se servirait-elle pas de la puissance que lui donne sa beauté auprès des grands, pour se soustraire aux caprices et aux exigences honteuses de son mari ? Est-il au monde une puissance assez forte pour contraindre une femme à s'avilir ainsi que le fait cette malheureuse, si son cœur était resté fidèle à la vertu et à l'honneur ?

— Je sens toute la force de ce dernier argument, et cependant, quelle n'est pas celle que peut exercer la volonté d'un sacripant, d'un misérable tel que Laridon, sur l'esprit d'une aussi faible créature que

Denise, envers laquelle cet indigne époux ne manque sans doute pas d'employer la menace et l'injure pour la soumettre à ses caprices.

— Croyez-moi, monsieur, pour que Denise ait renoncé aussi subitement à ses amours, à moi, qu'elle disait aimer ; pour s'être fait la femme d'un Brizard Laridon, et avoir, dans cette union, accepté la honte et le malheur, il faut qu'il y ait eu entre son époux et son père un secret terrible que je ne puis comprendre, et duquel Denise paie le silence de toute sa lâche soumission.

— Alors, dans cette affaire ténébreuse que vous supposez, la fille serait donc autant engagée que le père, puisque, après avoir tenté un homicide sur son gendre, le docteur Minard, dont on n'entend plus parler, a été forcé de quitter subitement la France et que sa fille, restée seule, est encore contrainte d'obéir au maître qu'elle s'est donné, quoique son père expatrié, n'ait plus rien à redouter de la vengeance du mari? Oh! croyez-moi, monsieur de Courvale, rien autre que l'effroi qu'inspire Brizard à sa femme, ne fait agir cette pauvre créature qui, contrainte d'obéir, s'est efforcée de conserver sa vertu au milieu du vice et y a réussi, j'ose vous l'affirmer.

En réponse à ces dernières paroles, Antonin remua la tête en signe d'incrédulité, puis il se leva aussitôt pour quitter le vieil officier, lequel ne se tenant pas pour battu, s'engagea à ramener, par des preuves, Antonin à de plus honorables sentiments sur le compte de Denise, et le congédia en lui promettant sous peu d'heureuses nouvelles, puis de s'occuper activement des recherches concernant le sort d'Anatole Montigny.

A peine le jeune homme eut-il quitté la demeure de notre officier, que ce dernier, après avoir pénétré dans une chambre mitoyenne de celle où venait d'avoir lieu son entretien avec Antonin, se présenta respectueusement devant Denise qu'il retrouva noyée de larmes et affaissée sur un siége, après l'avoir quittée une heure auparavant pour aller recevoir le jeune baron de Courvale.

VII

Liberté.

Le jour venait de se lever sur la ville de Paris, comme on ouvrait discrètement une porte étroite et basse de la Bastille, le pont-levis de la forteresse s'abaissa et un jeune homme à la figure souriante s'élança vif et joyeux de l'horrible prison dans la bruyante ville.

— Soleil, je te revois donc enfin, après huit mois de captivité ! salut, astre divin ! salut, ô liberté chérie et tant désirée de mon cœur ! En disant ainsi, notre jeune homme, ou autrement dire Anatole de Montigny, se dirigeait d'un pied léger vers la rue du Pas-de-la-Mule, dans laquelle il atteignit la porte de l'hôtel qu'il habitait avant sa captivité, pour s'empresser d'y frapper à coups redoublés, sans penser qu'il n'était encore que quatre heures du matin et que tout reposait dans ladite demeure dont le concierge éveillé en sursaut vint, après quelques minutes d'attente, lui ouvrir la porte. Cet homme, en reconnaissant Montigny, recula de surprise et se frotta les yeux.

—Quoi! André, ne me reconnais-tu pas? dit le jeune homme en riant et tout en pénétrant dans l'hôtel.

— Pardon, seigneur Montigny, mais d'où venez-vous depuis huit mois, et quoi vous amène ici à pareille heure ?

— Parbleu, je viens reprendre possession de mon appartement, de tout ce qu'il renferme et m'appartient.

—Votre appartement, bon Dieu ! il y a

longtemps qu'un autre l'occupe à votre place ; enfin, depuis que vos créanciers, vous croyant mort, ont fait vendre vos meubles, vos effets, tout ce que vous possédiez, afin de s'en partager le prix.

— Ah! ah! les faquins ont fait cela; ils mériteraient, pour semblable larcin, que j'allasse les rouer de coups... De cette façon, je n'ai plus rien à faire ici ?

— Dame ! à moins qu'il ne vous plaise d'entrer vous reposer un instant chez moi, dit fort obligeamment le concierge.

—Merci, merci, mon brave, car avant que ma famille n'ait appris ma résurrection et qu'elle m'ait envoyé des secours, il me faut aller au plus tôt de par la ville, demander l'hospitalité à mes anciens amis que Dieu, je l'espère, aura préservés de la Bastille.

Quelques mots encore et Montigny se remit en marche pour s'arrêter presque aussitôt au milieu de la Place-Royale où il se mit à réfléchir auquel de ses amis il donnerait ce jour, la préférence pour le secourir dans le pressant besoin où il se trouvait.

— Au premier venu ! décida le jeune homme en se remettant en marche.

— Mille Dieux ! serai-je donc forcé de mendier mon pain et de coucher à la belle étoile ! s'écriait Montigny, brisé par la fatigue, mourant de faim, huit heures après sa sortie de prison, et avoir parcouru tout Paris sans retrouver une seule de ses anciennes connaissances, qui toutes avaient quitté Paris ou changé de demeure. Et comme le hasard l'avait amené sur le boulevart du Temple, l'aspect d'une maison lui fit se souvenir d'Estelle, la danseuse chez qui, quelques jours avant son arestation, il avait passé une joyeuse soirée avec Antonin. Là-dessus, Montigny d'aller frapper à la porte de la danseuse et de compter une déception de plus en apprenant qu'Estelle n'habitait plus cette demeure depuis quatre mois, qu'elle avait trouvé un riche entreteneur dans un seigneur de la cour. Montigny, fort contrarié par cette nouvelle aventure, allait donc se retirer, lorsqu'une jeune femme, dont le minois ne lui semblait pas étranger, après être entrée dans la maison s'arrêta devant lui et se mit à sourire en manière de connaissance.

— Eh parbleu ! je ne me trompe pas, c'est la gentille Manette, la fleur des danseuses de notre boulevart.

— Et vous le généreux et joyeux Montigny, l'ex-amant de mon amie et camarade Estelle, répondit la jeune femme.

— Lui-même, ma toute belle, qui, ce matin sorti de la Bastille, où, sur l'ordre du Roi et sans qu'il sache pourquoi, on le retenait injustement, venait ici retrouver une ancienne maîtresse pour lui demander asile et secours dans un moment pressant et critique.

— Eh bien ! à défaut d'Estelle, acceptez mes services et ma modeste demeure, que je mets tout à votre disposition.

— J'accepte, généreuse fille.

— Alors, venez et grimpons les trois étages qui nous séparent de mon logement.

Montigny s'étant rendu à l'invitation, suivit Manette, qui bientôt l'introduisit dans deux petites pièces fort gaies et passablement meublées où elle le fit asseoir, et se plaça près de lui de l'air le plus gracieux.

— Causons, maintenant, mon beau mousquetaire, dit la jeune femme en plaçant ses deux mains sur le genou de Montigny.

— Volontiers, mais auparavant, mangeons, car je meurs de faim, n'ayant rien pris encore depuis hier.

— Pauvre jeune homme ! s'écria Manette avec commisération, en se levant précipitamment pour courir à une armoire et en sortir la moitié d'un énorme pâté, du pain et une bouteille de vin.

— Mangeons, reprit-elle après avoir posé le tout sur une petite table qu'elle avait approchée du jeune homme.

— Femme généreuse! à toi ma reconnaissance et mon amour éternel, si ce dernier ne te déplaît pas, disait un instant après Montigny en train de dévorer.

—Hum! je ne dis pas non; nous verrons, répondit la danseuse, tout en versant à boire.

— Sache, petite, que tu n'as affaire ni à un menteur, ni à un gueux, mais bien à un homme de cœur et au marquis Anatole Montigny, possesseur, dans sa province, d'une terre de dix mille écus ; mais dont le gousset est entièrement à sec aujourd'hui, grâce à la Bastille et à la bombance qu'il y a faite afin de mieux chasser l'ennui de la captivité.

— Marquis, je n'ai eu besoin de connaître ni vos titres, ni votre fortune pour bien vous accueillir; vous l'avouerez, au moins ! fit entendre la danseuse.

— Aussi, votre conduite, chère Manette, n'en est-elle que plus noble et ma reconnaissance plus vive. Maintenant, et en attendant l'effectif de mes belles promesses, jasons un peu et dites-moi ce qu'est devenue mon ex-adorée Estelle.

— Ne vous l'a-t-on pas déjà dit ? Estelle est aujourd'hui la maîtresse d'un homme riche et puissant, assez mauvais garnement, dont la femme est, dit-on, la maîtresse du Roi, et ayant nom Brizard Laridon, lequel entretient ladite Estelle sur un pied de princesse, après lui avoir meublé un superbe appartement dans la Vieille-rue-du-Temple.

— Brizard Laridon !... mais j'ai connu certain quidam de ce nom... Mais, oui, j'y suis, parbleu ! un drôle, un faquin, un aventurier; un homme à sac et à diable, que j'ai failli rosser certain jour qu'il s'était permis, en compagnie du comte d'Argenson, de manquer de respect à la fille du docteur Minard, le célèbre médecin de la Cité.

—A sa prétendue alors, observa Manette.

— Non, folle, à la fille du docteur Minard, te dis-je, rare beauté dont un de mes amis intimes, Antonin de Courvale, était amoureux fou, et qu'il a dû épouser il y a de ça huit mois.

— Erreur ! car cette beauté rare, cette Denise enfin, après avoir brûlé la politesse audit Antonin, est devenue la femme du seigneur Brizard.

—Allons donc ! fit Montigny en réponse et avec incrédulité.

— Rien de plus vrai, et ce dont il

sera facile de vous convaincre en allant s'en informer vous-même auprès d'Estelle qui, j'en suis certaine, ne sera pas fâchée de vous revoir.

— Denise, la femme d'un Laridon, d'un homme qu'elle et son père méprisaient jadis! Denise, devenue l'épouse d'un autre qu'Antonin qu'elle aimait et qui l'adorait.. Encore une fois, cela ne se peut pas! cela ne se peut pas! s'écria le jeune homme avec impatience.

— Ah! pourquoi la prudence et mon propre intérêt me défendent-ils de vous mettre en présence de mon nouvel entreteneur, le baron de Gobinac, un ci-devant amoureux de la belle Denise ; c'est pour le coup, qu'il serait facile à cet original de vous convaincre.

— Gobinac!... mais j'ai encore connu un gascon qui se nommait ainsi ! un petit homme, laid, poltron, et s'en faisant accroire; mais celui-là, loin d'être un baron, n'était qu'un roturier dans toute la force du terme.

— Petit, laid, poltron et gascon, cela doit être mon homme, s'écrie Manette.

— Mais le mien, loin d'être à même d'entretenir une femme, ne possédait, tout au plus, que de quoi s'entretenir lui-même.

— Le mien en était réduit à cet état avant d'avoir pris pour femme une gothique comtesse allemande, intitulée de Ricmann, laquelle a enrichi ledit magot.

— La comtesse de Ricmann ! connue ! Manette, ton Gobinac est en effet le mien ; le mien, de qui le riche mariage que tu viens de m'apprendre, me surprend à bon droit. Franchement, ce maraud est cent fois plus heureux que moi qui, depuis bientôt cinq ans, cours après une riche douairière pour en faire ma femme, sans avoir pu encore la rencontrer.

— Hélas ! loin d'envier son sort, plaignez au contraire un infortuné mari, possesseur d'une femme jalouse, grondeuse, acariâtre, qui le tourmente jour et nuit, et lui fait payer de tout son repos les écus qu'elle lui a apportés.

— Je ne m'étonne plus alors de l'inconstance dudit baron de Gobinac, ex-employé aux gabelles, et si le pauvre être vient goûter auprès de toi un bonheur qu'il ne rencontre pas chez lui.

—Bonheur qu'il me paie fort généreusement, ce qui fait que je tiens assez à la conservation de cet amant, tout-à-fait étranger à mon cœur.

— Friponne ! exclama en riant Montigny, pour donner ensuite un baiser à la danseuse qui le lui rendit aussitôt avec usure.

Un long instant encore non consacré à la conversation, mais bien à un amoureux badinage ; puis une voix, en se faisant entendre dans l'antichambre, fit en même temps pâlir Manette, laquelle s'arracha vivement des bras de Montigny en s'écriant:

— C'est le baron de Gobinac, vite cachez-vous, ou je suis ruinée sans ressource.

— Me cacher, mais où ?

— Sous ce canapé, répondit la danseuse

tout en poussant le jeune homme vers la cachette, lequel, par complaisance et en riant comme un fou, se fourra sous le siége sur lequel il était assis un instant auparavant.

— Peut-on entrer, mon adorable? demandait pendant ce temps Gobinac, en frappant discrètement du doigt sur la porte.

— Entrez, beau seigneur.

— Alors, ouvrez-moi, sandis!

Et la danseuse, après s'être entièrement assurée qu'on ne pouvait apercevoir Montigny, s'en fut tirer le verrou et recevoir un tendre baiser de l'infidèle époux de la comtesse de Ricmann.

— Vous, à pareille heure, mon tourtereau ? dit Manette.

— Oui, ma tourterelle, vous voyez un amant qui a profité du sommeil de son tyran, en proie aujourd'hui à une violente migraine, pour venir passer un instant heureux dans vos bras adorables.

— C'est charmant de votre part, mon baron bien-aimé, seulement, c'est dommage que la répétition m'appelle en ce moment au théâtre et qu'il faut nous séparer au plus vite.

— Du tout! car jé mé moque dé la répétition.

—Vous, je conçois cela; mais moi, c'est différent ; oh ! je n'ai pas envie de payer l'amende.

— Sandis! jé la paierai pour vous, ma tourterelle, et voici dé quoi y répondre, dit Gobinac en faisant tomber une pluie d'or dans la chambre.

— Dieu ! que ce procédé est délicat de votre part, mon Adonis.

— C'est ainsi qué dans mon illustre famille nous avons toujours su récompenser l'amour et la fidélité, répliquait Gobinac tout en entraînant Manette sur le canapé sous lequel était caché Montigny.

— Ah! laissez-moi, mon Céladon, je ne me sens pas bien aujourd'hui, et puis songez qu'on m'attend pour répéter un pas de trois que je dois danser ce soir.

— Jé mé moque du pas dé trois.

— Mais finissez donc, petit volcan! je vous dis encore une fois que je suis mal à mon aise, très mal, disait la danseuse, tout en s'opposant aux entreprises galantes de l'amoureux Gobinac.

— Sandis! jé né vous ai jamais connue si cruelle, mon adorable.

— Baron, baron, finissez, vous dis-je!

Et Gobinac ne tenant aucun compte de la résistance de la belle, n'en allait pas moins son train, ce qui fut cause que Manette voulant s'échapper et Gobinac la retenir, ce dernier, en pesant de tout son poids sur le canapé, en brisa les pieds qui cédèrent avec un horrible craquement, qui fut suivi d'un cri de douleur poussé par le malheureux Montigny, lequel venait de recevoir toute la charge sur le dos.

— Sandis! qu'est-ce que j'aperçois là! un

rival! malheur à lui! s'écria Gobinac en tirant son épée.

— Un rival! pas le moins du monde, mais un de vos amis, baron de Gobinac ; enfin, Anatole de Montigny qui, sorti ce matin de la Bastille et, se trouvant sans argent ni ressource pour le moment, est venu demander un asile et du pain à la bonne Manette, l'amie intime, la camarade d'Estelle.

— Ma maîtresse adorée, fit entendre le jeune homme en s'arrachant aux débris du canapé.

— Sandis! est-ce bien vrai, cé qué vous mé contez là.

— J'en jure sur... votre titre de baron, reprend Montigny.

— Et moi, sur mon honneur, dit à son tour la danseuse.

—Certes ! je serais désolé, si un acte de bienfaisance au lieu de porter bonheur à mademoiselle allait, au contraire, lui attirer votre colère, mon cher baron de Gobinac.

— Mais pourquoi vous être caché, puisque vous ne faisiez aucun mal, capédious ?

— C'est juste, mademoiselle, pourquoi m'avez-vous fait cacher ? il vallait cent fois mieux continuer l'entretien que nous tenions alors et dans lequel vous me disiez tant de bien de ce cher baron de Gobinac, que je suis enchanté de revoir, dit Anatole.

— Pourquoi, pourquoi? parce que les hommes sont tous des jaloux soupçonneux qui ne veulent jamais croire à la fidélité, ni à la vertu des femmes, répond Manette en feignant de pleurer.

— Cher baron de Gobinac, ami sensible et vertueux, résisteras-tu aux larmes que tes doutes offensants arrachent à la beauté dont tu es idolâtré, fortuné mortel? reprend Montigny en entourant le gascon de ses bras.

— Non, sandis ! car je crois à sa fidélité, répond Gobinac en s'échappant des bras du jeune homme pour courir presser la danseuse dans les siens.

— Çà, maintenant que la paix est faite, que l'honneur est sauf, ne pourriez-vous, baron de Gobinac, tout en vidant joyeusement ensemble un flacon de champagne, m'indiquer d'abord en quelle partie de la France il me serait possible de rencontrer mon cher Antonin.

— Sandis ! à Paris, dans mon hôtel qu'il habite depuis plusieurs jours en qualité d'ami de la maison.

— Il se pourrait ! ô bonheur ! s'écrie

Montigny joyeux, pour reprendre aussitôt en ces termes: Si je n'écoutais que ma vive impatience, le désir de presser cet ami sur mon cœur, je m'empresserais de vous quitter à l'instant pour courir vers lui, mais auparavant, baron de Gobinac, j'attends de votre complaisance des explications concernant certaines nouvelles incroyables que vient de m'apprendre votre chère Manette. Est-il vrai, est-il bien possible que la fille du médecin Minard ne soit pas devenue la femme d'Antonin, mais bien celle d'un Brizard Laridon?

— Rien de plus positif, sandis !

— Ah! racontez, de grâce, racontez ! s'écrie Montigny impatient.

Et cédant au désir du jeune homme, Gobinac de tout apprendre et de tout raconter concernant la fuite de Denise le jour même qu'elle devait épouser Antonin ; le désespoir, la maladie qu'avait occasionné, à ce dernier, la perte de la perfide ; et Gobinac ne s'en tenant pas là, d'accuser Denise d'infidélité, d'ambition, puis de la dépeindre aux yeux de Montigny comme étant devenue une femme infâme, de mauvaises mœurs, sans honte ni pudeur, qui, en se prostituant de seigneurs en seigneurs, était parvenue, aujourd'hui, à se faire la maîtresse du roi.

— Denise, une femme perdue, une prostituée ! s'écria Montigny surpris au-delà de toute expression après avoir écouté

—Commé j'ai l'honneur dé vous lé dire, mon cher, et cé qu'il y a dé plus fort, est qué cetté péronnelle continue dé faire la sainte n'y touche, dé sé dire innocente en protestant dé toute sa force contre les accusations portées sur elle.

— Dites-moi, baron de Gobinac, cette femme a-t-elle revu de Courvale depuis la rupture de leur union, depuis qu'elle l'a indignement abandonné ?

— Uné fois, uné seule, la malheureuse ayant osé provoquer une entrevue, donner un rendez-vous à cé cher Antonin, dans l'espoir dé sé justifier et dé sé faire passer pour uné vestale aux yeux du jeune homme qui, trop garçon d'esprit pour ajouter foi à toutes les rengaines de la belle, lui a tourné le dos très lestement.

— Un mot encore, baron de Gobinac, qu'est devenu le médecin Minard?

— On n'en sait fichtre rien, le bonhomme ayant trouvé prudent de se sauver après avoir essayé de brûler la cervelle à son très honoré gendre et avoir manqué son coup.

— Diable! ceci prouverait que le cher docteur n'était point très entiché de son gendre, et en plus, que pour en faire le mari de sa fille, qu'il y eu a contrainte, car enfin, vous savez, ainsi que moi, que Minard détestait et méprisait ce Laridon?

— D'accord ; mais séduit sans doute par les fallacieuses promesses de ce Brizard, qui déjà était fort bien en cour, le cher docteur aura cédé à un mouvement d'ambition en sacrifiant sa fille.

— Mieux encore, il y a là-dessous quelque mystère que je ne puis comprendre, quelque chose d'inextricable qui aura placé le malheureux Minard sous l'odieuse dépendance de ce Laridon ; car, quoi que vous en disiez, baron de Gobinac, l'ambition se tait où parle l'amour paternel, surtout lorsqu'il s'agit du sort d'un enfant chéri, et Minard adorait Denise ; or, je conclus de là qu'il n'a pu, sans de fortes raisons, arracher sa fille de gaîté de cœur à l'amour d'Antonin et à une union honorable, pour en faire la femme d'un chevalier d'industrie, d'un sacripant méprisable et méprisé. Je vous dirai encore, baron de Gobinac, qu'il n'y aurait rien de surprenant à ce que Denise fût en effet innocente des torts dont on la charge; et moi, persuadé qu'une fille vertueuse, modeste et sage, ne franchit pas, sans un long combat avec sa conscience, le pas immense qui sépare la vertu du vice, je soutiens que Denise ne peut avoir failli à l'honneur et, méprisant les apparences trompeuses qui l'accusent, je me crée aujourd'hui son défenseur, termine Montigny avec feu.

— Bien, très bien, monsieur Montigny, oh! vous avez raison, prenez la défense de notre pauvre sexe, contre lequel se liguent ces méchants hommes, ce qui fait que beaucoup de femmes, ne trouvant ni honneur ni profit à rester sages, se perdent par dépit, fit entendre Manette.

— Sandis! mon cher Montigny, cé séra un homme bien adroit, célui qui parviendra à rétablir la réputation dé la fille du docteur et par en faire uné vertu.

— Telle est cependant la tâche honorable que je m'impose, autant par estime que par générosité, envers celle dont la seule présence a excité mon admiration, gagné ma confiance et ma vive amitié. Maintenant, baron et vous Manette, permettez que je vous quitte pour courir embrasser un ami dans ce cher Antonin.

— Cadédis! vous permettrez bien aussi

qué je vous accompagne chez moi, d'autant plus qué mon carrosse m'attend à cent pas d'ici.

— Comment, baron de Gobinac, vous auriez cette complaisance, lorsqu'ici l'amour semble vous retenir ? dit en riant Montigny.

— Certes, vu qué l'heure s'avance et qué ma tendre moitié né peut tarder à mé réclamer. Ellé m'adore tant qué c'en est fatiguant.

Après avoir adressé leurs adieux à la danseuse, après que Montigny eut, à la dérobée, pressé amoureusement la main de cette fille en train, en ce moment, de faire en cachette la grimace à Gobinac, nos deux personnages gagnèrent la porte, puis le boulevart où ils trouvèrent le riche carrosse qui, en un rien de temps, les conduisit à l'hôtel où, aussitôt arrivé et apprenant que de Courvale était au logis enfermé dans son appartement, Montigny, conduit par Gobinac, s'élança sur la montée puis dans la chambre d'Antonin qui, en l'apercevant, poussa un cri de surprise et de joie et vint tomber dans ses bras.

— Ah! ce jour est décidément un des plus heureux de ma vie, puisqu'il me rend tout à la fois un ami après m'avoir rendu ma fortune? s'écriait Antonin en embrassant Montigny.

— Oui, mon cher de Courvale, c'est moi,

moi qui, après huit mois d'une injuste captivité à la Bastille, est enfin rendu à ton amitié.

— Toi, enfermé à la Bastille, ami, et pourquoi?

— Je n'en sais rien encore, mais c'est ce dont je me propose d'aller m'informer auprès du roi très incessamment, répondit Montigny.

Un valet étant venu prévenir Gobinac que sa femme le demandait, invitation à laquelle s'empressa de se rendre le mari très soumis; les deux jeunes gens, restés seuls, entamèrent un long et intime entretien dans lequel Antonin fit part à Montigny des profonds chagrins que lui avaient causés l'infidélité et l'abandon de Denise, ainsi que la perdition d'une femme qu'il avait tendrement aimée et honorée, mais qu'il était forcé maintenant de mésestimer.

En vain Montigny employa-t-il toute sa rhétorique à vouloir ramener Antonin à de meilleurs sentiments sur le compte de Denise, à justifier cette jeune femme, à prouver à Antonin qu'une fille qui possédait toutes les vertus du ciel, ne pouvait subitement être devenue un être vil et méprisable; de Courvale ne voulut rien entendre, et faussement convaincu, il demeura insensible, incrédule, quoiqu'en ce moment le souvenir de Denise, de celle qu'il accusait, à l'innocence de qui il se refusait de croire, lui arracha des larmes abondantes.

— Eh bien ! que le ciel me soit en aide, et je me fais fort de réhabiliter cette infortunée à qui, dès aujourd'hui, je consacre ma vie, s'écria avec force Montigny.

— Va donc car je t'abandonne cette infâme, répondit Antonin avec dédain et fermeté.

—Brisons sur ce chapitre, et maintenant, ami, apprends-moi le sujet de ton retour à Paris, ce qui a pu te décider à quitter une seconde fois ta paisible province, reprit Montigny.

— Un affreux et injuste procès qui nous menaçait, ma mère et moi, d'une ruine entière.

— Diable ! mais me voici, Dieu merci, pour t'aider à te faire rendre justice et dans toutes les démarches que doit te nécessiter cette fâcheuse affaire.

— Merci de ton offre amicale, mon cher Montigny; mais tout est terminé, grâce au soin et au zèle d'un puissant et habile protecteur que le ciel m'a envoyé inopinément au moment où, repoussé par tous ceux à qui je m'adressais, je désespérais du succès de mon affaire et me croyais ruiné à jamais.

— Bravo! Le nom de cet homme précieux et obligeant? s'informa Montigny.

— Un nom obscur, monsieur Saint-Andry, petit officier de la maison du roi, dont le crédit, cependant, a été assez puissant pour anéantir les prétentions de nos ennemis et nous faire rendre promptement bonne et loyale justice de par le roi, oui, le roi qui, par la bouche de cet excellent homme, m'a fait en sus offrir un emploi important dans sa royale maison et auprès de sa personne...

— Ce que tu as accepté, sans doute? demande vivement Montigny.

— Ce que j'ai refusé, désirant vivre auprès de ma mère et fuir la cour où j'aurais été exposé à rencontrer l'indigne Denise et à être témoin de sa honte.

— Fort bien ! et si tu m'en crois, après que j'aurai accompli certaine œuvre que je médite, c'est ensemble que nous rejoindrons notre chère province où nous vivrons toujours amis et inséparables, reprit Montigny qui, en train en ce moment de fouiller dans sa poche, laissa s'en échapper une lettre qu'il s'empressa vivement de ramasser pour en lire la suscription et reprendre aussitôt en ces termes. Ah! ah! voici ce que je ne dois pas oublier, une missive de la part d'un de mes compagnons de captivité; un pauvre diable qui dessèche d'ennui à la Bastille, et dans l'espoir de se faire un protecteur d'un sien cousin, gouverneur de Bicêtre, m'a chargé de porter cette lettre à ce dernier et de l'intéresser sur son sort, commission de laquelle j'espère demain m'acquitter fidèlement.

— Et si tu échoues auprès de ce cousin, tu me permettras de faire de mon protecteur le protecteur de ce pauvre prisonnier, sans doute? dit Antonin.

— Certes! je n'aurai garde de te refuser, ami, répondit Montigny en pressant la main du jeune homme.

Ils en étaient là de leurs causeries, lorsque la porte de la chambre s'ouvrit et que parut Gobinac la figure sens dessus dessous, et donnant les marques du plus grand mécontentement.

— Hola ! qu'avez-vous, cher hôte ? s'informa aussitôt Antonin.

— J'ai, qué jé suis furieux, sandis ! j'ai, qué ma chaste moitié est une vieille folle qué jé donne au diable et qui mé féra mourir avec ses exigeances.

— Mais encore, que veut-elle ? demanda Montigny.

— Uné chose incroyable, ébouriffante, enfin, mé vouer au blanc d'après un vœu, dit-elle, qu'elle a fait cette nuit à la Vierge, sandis ! concévez-vous uné semblable fantaisie? repliqua le gascon en frappant du pied avec colère.

— Idée toute ingénieuse, couleur qui s'alliera parfaitement avec votre chasteté, votre innocence, cher baron, dit Montigny tout en riant aux éclats.

— Singulier et ridicule caprice que votre dignité d'homme doit repousser, fit entendre Antonin d'un ton sévère.

— Repousser, résister à cette femme, cadédis! vous en parlez fort à votre aise, ami; mais alors jé sérai tiraillé, mordu, abîmé et ruiné, rien qué céla, sandis! Amis, vénez dé grâce faire entendre raison à cette extravagante, ou jé suis un homme déshonoré, perdu, enfoncé ! s'écria Gobinac désespéré.

Se rendant à cette prière du pauvre mari, de Courvale et Montigny suivirent Gobinac, qui les introduisit dans l'appartement de sa femme en qualité de visiteurs venant s'informer de l'état de sa santé, et Montigny comme désirant renouveler connaissance avec elle. La dame, assise en ce moment à sa toilette, congédia aussitôt la chambrière qui était en train de la coiffer, pour faire aux jeunes gens un accueil des plus gracieux, après avoir remplacé par le sourire l'air maussade qu'elle avait d'abord. Quelques instants accordés aux compliments de part et d'autre, à un entretien insignifiant, puis Gobinac, impatient d'entamer le chapitre du vœu, de se risquer ainsi, fort de la présence des jeunes gens :

— Sandis! messieurs, rendez-moi lé service dé faire entendre raison à ma tourtérelle et dé lui dire si jamais vous avez rencontré, dans votre vie, mari qué sa femme ait voué à la sainté Vierge.

— Jamais! s'empressa de répondre Antonin.

— Moi, de même, quoi que semblable idée soit digne d'une âme pieuse, dit à son tour Montigny, au grand mécontentement de Gobinac.

— Eh pien! moi ché havre fait cette vœu

à la ponne Vierge, bour la remercier d'avoir donné à moi uné betite mari pien aimable, dit l'allemande en fixant un regard amoureux sur le gascon.

—Capédious! vouez aux saints ou aux diables tout cé qu'il vous plaira, mais quant à m'habiller dé blanc dé la tête aux pieds ainsi qu'un poupard, jé m'y oppose formellement, cadédis! s'écria Gobinac avec fermeté.

— Che crois que cette betite bonhomme s'avise de raisonner, Dieu me bardonne! Taisez-vous, ingrate, et obéissez à ton femme sans murmurer.

—Cadédis! jé n'en ferai rien! ou lé diable m'emportera plutôt.

— Et moi che dis que, dès demain, vous havre des habits plancs, sous beine autrement d'encourir mon disgrâce.

— Du tout ! car jé préfèrerais mille fois rompre avec uné méchante femme qué dé céder à ses ridicules caprices, ou jé mé révolte, jé suis à bout dé patience, jé déviens un véritable lion, sandis !

A peine Gobinac terminait-il ces mots, que sa femme, le saisissant par le bras, le pinçait d'une affreuse manière, ce qui fit pousser un cri épouvantable au pauvre mari.

—Ah ! madame ! s'écrièrent alors Antonin et Montigny scandalisés.

— Pien, pien ! cette betite raisonneuse y havre l'habitude de cette traitement amical, répondit la dame rouge comme un homard, les yeux remplis de fureur quoique grimaçant le sourire.

Encore un long entretien où Antonin s'efforça de détourner la dame de son original projet, où Montigny, après avoir plaisanté d'abord, finit par se ranger du parti de Gobinac en essayant de faire entrevoir à la femme du gascon tout le ridicule de la singulière fantaisie qu'elle prétendait mettre à exécution aux dépens de son infortuné mari, mais en vain, car l'entêtée comtesse tint bon, prétendant ne pouvoir ni ne vouloir manquer de parole à la sainte Vierge, à laquelle elle jura de nouveau et à haute voix de vouer son mari, une année entière, en promettant que, durant tout ce temps, il ne porterait autre que des vêtements d'une entière blancheur. Gobinac, à ce nouveau serment, allait se révolter de nouveau, et déjà sa bouche s'ouvrait pour parler, lorsque Montigny lui coupa la parole par un signe d'intelligence et en lui murmurant tout bas :

— Cédez et fiez-vous à moi du soin de vous tirer d'embarras.

Plaçant donc tout son espoir dans l'esprit de Montigny, Gobinac redevint calme, silencieux, et laissa sa femme baragouiner longtemps et tout à son aise jusqu'à l'heure du dîner, repas auquel prit part l'ex-mousquetaire, d'après l'invitation des maîtres de la maison. Le lendemain matin, Antonin et Montigny étant réunis, recevaient de nouveau la visite matinale de Gobinac qui, échappé du lit et des bras de sa grosse moitié, venait, le visage soucieux, chercher conseil et consolation auprès d'eux.

— Quoi, mon cher, vous voici en robe de chambre jonquille ! y pensez-vous ? s'écria Montigny souriant en voyant paraître Gobinac.

— Celle dé mon valet dé chambre, encore, qué jé viens dé lui emprunter, sandis ! né trouvant cé matin autour dé moi et dans ma garde-robe qué les hardes blanches qué ma vieille folle dé femme y a fait mettre en place des miennes. Tour pendable, atroce qui, aujourd'hui, séra la cause d'une affreuse quérelle entre ma légitime et moi.

Décidément votre femme tient bon ? dit Antonin.

— Qué dé trop, l'infâme ! cé qui mé désespère ! répondit le mari abattu et consterné.

— Et vous cédez enfin ? interrogea Montigny.

— Lé moyen dé faire autrement, avec uné bagasse semblable ? répliqua Gobinac en levant les yeux et les mains au ciel pour ensuite supplier les jeunes gens de tenter une nouvelle démarche auprès de son épouse.

— Nous n'aurions garde, car ce serait en pure perte, répondit Montigny.

— Cadédis! ainsi, vous m'abandonnez?

— Non pas! car si vous consentez à suivre le conseil que je vais vous donner, je suis certain que votre femme s'empressera vivement de renoncer à la singulière de fantaisie faire de vous un sac à farine.

— Ah! parlez, mon cher Montigny, parlez vite! s'écria le gascon empressé, lequel, après avoir écouté Montigny, partit d'un grand éclat de rire pour ensuite bondir de joie dans la chambre.

— Au revoir, amis précieux, car je cours mettre aussitôt à exécution cet excellent conseil.

Cela dit, Gobinac, joyeux, s'empressa de quitter les deux jeunes gens.

— Ah ça ! ami, quand partons-nous, puisque ton intention est, ainsi que la mienne, de quitter Paris et de regagner notre province ? interrogea Antonin après le départ du gascon et en s'adressant à Montigny.

— Aussitôt que j'aurai terminé trois choses, répondit ce dernier.

— Et quelles sont ces choses? demanda Antonin.

— La première, c'est la démarche que, sans plus tarder, je vais faire aujourd'hui à Bicêtre auprès du cousin de mon compagnon de captivité; la seconde et la plus importante, est l'exécution d'un projet qui me trotte par la tête, celui enfin de bien m'assurer si véritablement Denise a mérité et mérite tout l'insultant mépris que toi et un public imbécile déversent sur elle; quant à la troisième et dernière, c'est afin de savoir à qui ou à quoi je suis redevable des huit mois de prison que je viens de faire.

— Eh bien ! crois-moi, Montigny, de tout cela ne remplis que la mission dont t'a chargé le pauvre prisonnier, car c'est un devoir que t'impose l'humanité ; quant à cette Denise, que t'importe cette femme que je m'efforce de ne plus aimer, et que je veux oublier, cette femme dont la honte est réelle, publique, que chacun cite comme la maîtresse d'un roi libertin après avoir été celle de maints courtisans d'une cour corrompue. Maintenant, pourquoi vouloir connaître tes ennemis, ceux à qui tu fus redevable de la perte de ta liberté? acte infâme!qui té prouve assez le pouvoir, la force de tes ennemis, et que pour toi il n'est aucun moyen de les punir ou de te venger. Crois-moi, renonce à tous ces vains projets, viens, tedis-je, et au plus tôt regagnons notre paisible province où nous attendent des parents, des amis, la paix et le bonheur.

— Oui, partons, mais après que j'aurai accompli la tâche que je me suis imposée, telle est la volonté suprême que rien ne pourra changer, répondit Montigny avec fermeté.

Quelques instants encore et l'ex-mousquetaire, après avoir engagé Antonin à l'accompagner dans le petit voyage qu'il allait entreprendre, s'élança ainsi que son ami dans un carrosse de louage pour rouler ensuite vers Bicêtre. Les deux jeunes gens avaient à peine quitté l'hôtel de Gobinac, que ce dernier, selon les conseils et les instructions de Montigny, se présentait devant sa femme revêtu d'un costume complet de Gille, le visage et les mains couverts de farine. En voyant son mari fagoté de la sorte, la dame stupéfaite poussa un cri d'effroi et de surprise, en se renversant sur son siège et en s'écriant :

— Qui va là ?

— Sandis ! moi, madame, qui, soumis à vos volontés, vient d'endosser lé costume dé rigueur qué jé suis fermément décidé à né quitter qu'à l'expiration du vœu dont vous mé rendez victime.

— Quelle horreur ! vous n'havre bas de

nonte en vous brésentant costumé de là sorte, betite scélérate? s'écrie la dame en fureur.

— Pas la moindre, madame, et la preuve c'est que vous allez vous habiller à l'instant même pour m'accompagner dans une promenade, au grand cours, qué jé mé propose dé faire.

A ces mots, la tendre épouse, pour toute réponse, de s'élancer sur son mari dans l'espoir de le châtier, selon sa coutume, c'est-à-dire, pour le mordre et le pincer, mais Gobinac, bien conseillé par Montigny, s'empressa de sortir de dessous sa veste de Gille une longue batte en bois, à l'usage des arlequins, et d'en fustiger sa femme tout en esquivant son approche avec adresse et dextérité en tournant autour de la chambre. La grosse allemande surprise de tant d'audace chez un homme qu'elle avait habitué à la plus humble soumission, criait et pleurait de rage, faisait entendre la menace, mais Gobinac ne tenant aucun compte de cette fureur, n'en continuait pas moins le badinage et de frapper la grosse femme qui, bientôt harcelée, essoufflée, se laissa tomber sur un siége, pâmée et sans force, instant propice dont Gobinac profita pour la faire enlever par deux valets de louage, retenus par lui à cet effet, et la transporter dans un carrosse où il se plaça à ses côtés, laquelle voiture partit aussitôt et gagna les boulevarts. La grosse femme revenue à elle, et se voyant emporter, commença par essayer de sauter aux yeux de son mari qui, se méfiant du méfait, s'empressa de lui saisir les mains, et de paralyser sa mauvaise intention.

— Où me conduisez-vous, betite scélérate ? s'écria la dame.

— Au grand cours, afin d'y faire ensemble quelques tours de promenade, et de montrer à la société qui l'encombre à cette heure, la nouvelle livrée que vous m'avez imposée, chère tourterelle.

— Si vous havre l'abomination de faire cela, moi havre celle de vous arracher les yeux à notre retour, dit l'allemande furieuse.

— Sandis! vous n'aurez pas cette satisfaction, car, après avoir prouvé à tout Paris qué vous êtes uné folle, jé vous conduis aussitôt du grand cours à l'hôpital des fous où jé vais vous faire enfermer pour lé reste dé vos jours.

A ces mots, la dame pâlit, sa fureur s'apaisa, et un torrent de larmes s'échappa de ses yeux.

— Allons, madame, descendons et veuillez accepter mon bras, car jé meurs d'envie dé faire un tour sur cé boulévart qué la foule encombre, reprit Gobinac après avoir fait arrêter les chevaux.

Alors la grosse femme de se mettre à

pleurer encore plus fort, tout en suppliant Gobinac de renoncer à ce projet et de ne pas l'exposer à la risée publique.

— Sandis! madame, est-ce moi qui ai désiré m'affubler de la sorte? non certes, mais bien vous, qui avez prétendu faire un Gillé de votre mari et l'exposer à la risée de chacun ; or, soyez donc assez courageuse pour affronter tout le ridicule de votre propre ouvrage, répondit Gobinac avec force et caractère.

— Ah ! betite monstre ! c'est ainsi que tu agis envers ton femme ! malheur ! car che havre à brésent toi en horreur!.. che te quitte, che t'apandonne, che te ruine, che te...

— Silence, tourterelle, et obéissez, interrompit Gobinac en faisant geste de vouloir sortir du carrosse dont un valet venait d'ouvrir la portière, ce qui fut cause qu'en apercevant un Gille avant la saison du carnaval, les promeneurs et les flaneurs commencèrent à s'assembler autour du carrosse et à faire entendre des huées et des sifflets.

Voyant cela, notre comtesse encore plus effrayée s'empressa donc de se cramponner après Gobinac, en le suppliant de reconcer à son projet, comme de son côté elle le laissait maître à l'avenir de porter quel vêtement et quelle couleur il lui conviendrait.

— Sandis! jé veux plus encore, jé veux

être le maître à la maison, et qu'un bon contrat, en m'assurant la moitié dé votre fortune, mé mette désormais à couvert dé vos caprices et dé votre tyrannie.

—Ya, ya, ma betite mari, che havre pien l'envie de vous satisfaire, répondit la dame avec empressement.

Sur cette réponse, et un signe de Gobinac, la portière se referma aussitôt et les chevaux, prenant le trot, s'ouvrirent un passage à travers la foule, qui longtemps poursuivit le carrosse de ses cris et de ses huées?

Voyant la voiture entrer dans la cour d'une maison qui n'était pas la leur, après avoir roulé quelques instants, madame Gobinac alarmée de nouveau, s'empressa d'en demander la cause et de s'informer où et chez qui ils étaient.

—Chez mon notaire, ma tourterelle, devant qui, avant de rentrer dans notre cher petit ménage, vous allez me faire la donation en question, répondit le mari en sautant en bas du carrosse pour pénétrer chez le garde-notes, où le suivit sa femme, rouge de colère, de dépit, et tout en se mordant les lèvres.

Gille et sa femme trouvant le contrat tout dressé et en bonne forme, d'après les précautions prises d'avance par Gobinac, la grosse épouse n'eut donc qu'à approuver et à signer, ce qu'elle fit de la plus mauvaise grâce possible, et lui valut l'avantage de rentrer chez elle aussitôt après, pour y faire une querelle affreuse à son mari ; mais Gille Gobinac, voyant sa fortune assurée et désormais à l'abri des caprices d'une vieille et méchante folle, ne fit que rire de sa fureur et de ses menaces, en bénissant tout bas Montigny, et le bon conseil qu'il lui avait donné,

V.

Le fou de Bicêtre.

Après avoir roulé deux grandes heures, le carrosse qui renfermait Antonin et Montigny fut s'arrêter devant la porte du château ou pour mieux dire, de la prison ethôpital de Bicêtre. Ayant pénétré dans cette vaste demeure de la misère, du crime et de la folie, nos deux jeunes gens se firent conduire chez le gouverneur, vieux gentilhomme, qui instruit de leurs noms et qualités, s'empressa de leur faire l'accueil le plus poli et dans lequel personnage Montigny reconnut, non sans plaisir, un ancien ami de feu son père. D'abord, un long entretien où il ne fut question que dudit cousin, prisonnier à la Bastille, au sort de qui promit de s'intéresser le gouverneur, puis vint ensuite grand nombre de questions de la part des jeunes visiteurs, concernant la maison où ils se trouvaient, sur son régime et les malheureux qui la peuplaient, questions auxquelles s'empressa de répondre le gouverneur de la meilleur grâce possible, pour ensuite s'offrir à Antonin et à Montigny, en qualité de cicérone s'il leur plaisait de visiter et de parcourir ce vaste hôpital.

Après avoir accepté avec empressement cette offre obligeante, Montigny et Antonin suivirent donc le gouverneur pour une longue promenade à travers les cours et les bâtiments immenses où, à leurs yeux effrayés et surpris, se déroulait le hideux panorama de toutes les afflictions et des misères humaines, où s'offrait à leurs regards, une foule de malheureux enlevés à la mendicité pour venir passer dans cette vaste prison une existence toute de misère, d'abandon et de privation. Ayant visité le quartier dit des bons pauvres, après avoir passé avec mépris devant les prisons, d'où s'échappaient un bruit infernal et d'horribles imprécations. Le gouverneur introduisit les deux curieux dans l'enceinte des fous où ils furent aussitôt entourés d'une foule de malheureux idiots, aux traits hagards, nature dégradée, réduite à toutes les infirmités de la première enfance et végétant dans l'abrutissement le plus complet. Les deux amis, tout en répandant l'aumône à pleines mains à ces malheureux, contemplaient avec intérêt et le cœur oppressé, tous ces hommes jeunes ou vieux, groupés autour d'eux, affectant un maintien tantôt composé et décent, tantôt prétentieux ou grotesque, et tous faisant entendre le langage de la déraison, les phrases les plus incohérentes. Sur un signal du gouverneur, les surveillants se hâtèrent de disperser cette foule idiote et importune pour livrer passage aux visiteurs, que leurs pas conduisirent du côté des cabanons qui renfermaient les fous furieux, dont les deux amis apercevaient avec effroi les figures hâves, décharnées et grimaçantes appliquées sur les barreaux de leur affreux et infecte cachot.

— Ah! c'est toi! te voici! écoute! écoute! Deux coups seulement au côté droit, et je te guérirai ensuite! Écoute! écoute! fit entendre une voix, au son de laquelle Antonin et Montigny se retournèrent aussitôt pour apercevoir un fou furieux qui, la tête à cheveux blancs et hérissés appuyée sur la grille de son cabanon, et le bras passé à travers les barreaux, leur faisait signe d'approcher, de venir à lui. A peine les deux amis eurent-ils un instant contemplé, avec horreur, l'expression vraiment effrayante qui s'échappait des yeux de ce malheureux insensé, ses traits décharnés et sa bouche écumante, qu'ils échangèrent entre eux un regard où se peignait une étrange impression de suprise et d'effroi.

—De par Dieu! voici des traits qui ne me semblent pas étrangers, s'écria Montigny, en fixant le fou avec plus d'attention encore.

— Moi de même, je crois avoir connu cet homme... De grâce, monsieur le gouverneur, ne pourriez-vous aider notre mémoire, en nous apprenant le nom de cet insensé? dit à son tour Antonin.

— Je voudrais vous satisfaire, mais ici cet homme est un anonyme, et tout ce que je puis vous apprendre seulement, est qu'il nous a été envoyé ici, il y a de çà trois mois, par le gouverneur du fort l'Évêque, prison dans laquelle a pris naissance la folie furieuse de ce malheureux, qui, dit-on, fut un médecin renommé.

— Un médecin ! s'écria Antonin alors frappé de surprise tout en fixant encore plus attentivement le fou, qui ne cessait de lui faire signe d'approcher.

—C'est lui! oh! c'est lui, je le reconnais! reprit Montigny en pâlissant et saisissant vivement le bras d'Antonin, prêt à s'élancer vers le cabanon.

— Gardez-vous d'approcher de trop près, songez que cet homme est un furieux qui vous déchirerait de ses mains, s'il parvenait à vous saisir, dit le gouverneur.

— Fou ! lui fou ! prononce avec horreur et surprise Antonin.

— Oui fou, et pour la vie. Apprenez que cet homme, ce forcené qui se dit être, dans sa folie, un de ces misérables qui, il y a peu de temps, désolaient la Cité et poignardaient la nuit les passants attardés; mais, fait-il entendre encore, s'il blessait ainsi traitreusement les gens, ce n'était que pour avoir le plaisir de les guérir lui-même et afin de s'en faire des clients. Vous avouerez avec moi, messieurs, que si la chose pouvait exister telle, ce serait, pour un médecin, un moyen aussi singulier que barbare de se former une clientelle, disait le gouverneur, tandis que, tout en écoutant, les deux amis, le regard tendu sur le fou, pâlissaient encore plus et ressentaient un affreux frisson leur parcourir tout le corps.

— Au nom du ciel! monsieur, et à prix d'or, ne pourrait-on mieux loger ce malheureux, et prendre plus de soin de lui? s'informa Antonin douloureusement affecté, tandis que Montigny était livré à une profonde rêverie.

— La folie furieuse de cet homme s'oppose entièrement à l'accomplissement de votre désir, monsieur ; d'ailleurs, et d'après l'avis des hommes de l'art qui l'ont visité ce matin, ce malheureux n'a plus que peu de jours à vivre.

— Viens donc ! elle t'attend ! Vois comme elle est belle, comme ce bouquet virginal lui sied bien... Viens, hâte-toi, car il veut te la ravir ; il me menace ; il me montre l'échafaud !... Il ne l'aura pas, il ne l'aura pas... Cette fois, c'est au cœur que je le frapperai... Il ne l'aura pas ! Viens, viens ! ainsi s'écriait le fou, ou pour mieux dire, Minard, en se démenant comme un furieux dans sa cage, dont il s'efforçait de briser les barreaux qu'il mordait avec rage.

— Eloignons-nous, messieurs, car notre

présence semble exciter la fureur de ce pauvre insensé, faisait entendre le gouverneur au même instant où Minard venait de quitter subitement la grille de son cabanon et de disparaître dans l'obscurité de cette affreuse demeure.

— De grâce, un instant encore, monsieur, car il nous importe de bien nous assurer de l'identité de ce fou avec le savant médecin que nous croyons reconnaître en lui, de qui l'humanité sauva la vie de mon ami, que les assassins de la Cité avaient une nuit frappé de leur poignard, répondit Montigny qui, après avoir demandé et obtenu du gouverneur la permission de s'approcher davantage du cabanon et dans l'espoir de faire revenir le fou à la grille, s'ingénia de prononcer à haute voix le nom de Denise.

— Denise ! Denise ! se mit alors à rugir Minard en venant se précipiter la tête la première sur la grille et se briser le crâne sur les barreaux, pour ensuite tomber à la renverse en poussant un affreux hurlement auquel succéda le plus morne silence.

— Mort ! mort ! sans doute ! s'écria Montigny effrayé, en courant jeter un regard dans le cabanon, mais pour y apercevoir Minard étendu et baigné dans son sang.

— Mort ! dit à son tour un des surveillants, en sortant du cabanon où il venait d'entrer sur l'ordre du gouverneur.

— Que ce cadavre soit porté à l'amphithéâtre, prononça froidement le gouverneur.

— Monsieur, cet homme était en effet le docteur Minard, célèbre médecin, enfin celui dont le zèle, et l'humanité arrachèrent maintes fois à une mort certaine ceux qui tombaient sous le poignard devils assassins; moi-même, je lui suis redevable de la vie, c'est pourquoi, aujourd'hui, je réclamerai la permission de lui faire rendre, à mes frais, le dernier service que l'homme puisse recevoir de ses semblables, dit Antonin, à qui le gouverneur accorda aussitôt le droit de faire inhumer le défunt comme il le jugerait convenable.

— Comment se fait-il, ajouta le gouverneur, qu'un homme de talent et qui a rendu autant de services à l'humanité ait été réduit à venir mourir misérablement dans un hôpital ? Je vous demanderai encore quelle faute a pu le priver de sa liberté et lui mériter une captivité au fort l'Evêque, dont il n'est sorti que pour venir ici ?

—Je ne saurais vous répondre, monsieur, car moi-même je ne puis comprendre comment il se fait qu'un être inoffensif, ainsi que l'était le médecin Minard, comment un homme, que j'ai connu il y a peu de temps heureux et au-dessus du besoin, a pu s'attirer la sévérité des lois et descendre aussi subitement à un pareil degré de misère et d'abjection, dit Antonin.

— Ah! tu ne comprends pas? oh! je le conçois, pauvre innocent! mais moi, j'ai tout deviné, tout compris, fait entendre Montigny, en s'adressant à Antonin, puis continuant : Mon cher gouverneur, dit-il, quelle innocence, quelle liberté et quelle fortune sont à l'abri de la puissance d'une lettre de cachet, par le bon temps qui court, surtout lorsque nos seigneurs de la cour ont sans cesse les poches pleines de ces foudres terribles? Vous êtes riche, paisible, rien de mieux, mais malheureusement vous êtes en sus possesseur d'une jolie femme ou d'une jolie fille ; un puissant et libertin seigneur aperçoit l'une ou l'autre, devient amoureux de l'une ou de l'autre, vous n'êtes nullement d'avis, vous tendre mari ou bon père, de faire de votre femme ou de votre fille la maîtresse de ce galant, lequel trouvant votre morale parfaitement ridicule et en opposition avec ses volontés, s'empresse de tirer de sa poche une lettre de cachet, de la remettre à un exempt qui, sur cet ordre signé de Sa Majesté, vous fourre à la Bastille ou autre prison, ce qui permet alors au noble seigneur de vous enlever femme ou fille et de livrer votre maison à l'abandon et au pillage. Voici en peu de mots, gouverneur, l'histoire du pauvre Minard.

— Cet homme était donc marié?

— Veuf, gouverneur; mais il possédait une fille charmante, et...

—Et cette fille coupable, toute puissante à la cour, cette fille, qui d'un mot aurait pu rendre son père à la liberté, à la vie! a eu l'infamie de l'oublier, s'écria Antonin avec force et dégoût.

— Malheur et honte à cette misérable! dit le gouverneur indigné.

— Et moi, je ne dis rien encore, préférant attendre et entendre avant de condamner et de lancer l'anathème, fit entendre à son tour Montigny.

Une heure après ce dernier entretien et

Antonin ayant donné ses ordres pour les obsèques de Minard, lesquelles devaient avoir lieu le lendemain, où il se proposait d'assister. Antonin donc, en compagnie de Montigny, prit congé du gouverneur et quitta Bicêtre.

— N'as-tu rien à me dire, ami, et quelle pensée te préoccupe, que tu demeure ainsi silencieux? interrogea Antonin voyant Montigny garder le silence et enfoncé dans une profonde réflexion.

— Non, car ce soir nous ne pourrions nous entendre ni nous comprendre, mais demain, oh! demain, j'espère en avoir long, bien long à te conter; or. attends ami, attends!

plus la bouche, ce qui fut cause que la route s'acheva en silence, Antonin ayant pris le parti d'imiter son compagnon.

IX.

Un protecteur.

Le lendemain du jour témoin des derniers événements, Denise, toujours belle, quoiqu'une extrême pâleur couvrit son charmant visage, était seule, sur le midi, enfermée dans son petit oratoire, où, agenouillée sur un prie-dieu devant l'image du Christ, elle priait avec ferveur et les yeux noyés de larmes ; oui, elle priait et du plus profond de son cœur pour son père d'abord, afin que le ciel lui pardonne les crimes dont il s'était rendu coupable et qu'il ne le chatiât pas trop rigoureusement; puis elle priait encore pour que Dieu la rappelât à lui afin de la soustraire à la honte, au mépris que lui imposait chaque jour, à chaque heure, le plus infâme et le plus odieux des maris. A ces prières venait quelquefois se mêler un nom cher à son cœur, celui d'Antonin ; Denise, alors, suppliait le ciel pour qu'il la rendît pure aux yeux de cet amant qui la croyait coupable, et dont le mépris était pour elle un horrible désespoir.

Tandis que des lèvres de la pauvre femme s'échappaient de pieuses et saintes paroles, tandis qu'elle élevait son cœur pur au ciel, le bruit et le cri de l'orgie retentissaient à ses oreilles, parce que, non loin d'elle, les vins les plus rares comme les plus exquis coulaient à grands flots, parce que Laridon traitait ce jour chez lui une bande d'amis, du moins gens se disant tels, et qu'à table, au milieu d'eux, il se livrait à une joie insouciante et immodérée.

— Je bois à toi, marquis d'Escouffe, criait Laridon dans l'ivresse, en élevant son verre d'une main tremblante et en s'adressant à un petit jeune homme placé à table et en face de lui.

— Et moi, à ta santé, superbe et puissant Brizard, puis encore à la réussite de nos projets, s'empressa de répondre ledit marquis d'Escouffe.

— Quoi, marquis, tu as des projets et tu ne nous en a pas fait part, observe un des convives.

— Comment, vicomte, tu ignores que ce cher d'Escouffe ne vise rien moins qu'à échanger son marquisat contre un comté, et que le puissant Brizard le seconde de tout son pouvoir en cette circonstance? fait entendre un autre personnage.

—Excellent et infaillible protecteur que possède d'Escouffe dans notre très honoré amphitryon, duquel le pouvoir est sans borne, ce dont il nous a cent fois donné la preuve.

— Eh! messieurs! quelle puissance sur la terre oserait résister aux beaux yeux de la charmante Armide dont se sert ce cher industriel pour escamoter les grâces et faveurs qu'il nous vend au poids de l'or, observe en riant un petit marquis présent et buvant.

— Il est certain qu'on ne peut rien refuser à la belle Brizard; quant à moi, si j'avais une couronne et qu'elle la voulût, ce serait à ses genoux que je m'estimerais honoré et heureux de la déposer.

— Ce cher de Valbranche est d'une galanterie outrée, dit le marquis d'Escouffe.

— Je dis ce que je pense, messieurs, car je ne trouve rien de plus beau ni de plus suave que la charmante femme de notre amphitryon.

— Cent fois trop belle pour un semblable faquin.

— C'est Vénus dans les bras de Vulcain.

— Dis plutôt, chevalier, la colombe dans les bras d'un vautour.

— Une nuit, une seule passée dans les bras d'une pareille femme, et je m'estimerais le plus fortuné des hommes, s'écrie avec enthousiasme un officier de chevaux-légers.

— C'est pourtant un bonheur dont jouit chaque nuit impunément et à notre barbe ce vilain décrassé.

— Allez, allez votre train, mes seigneurs; mais, tout en causant, gardez-vous d'oublier de verser rasade, riposte Laridon en riant et renversé paresseusement sur son siège.

— Holà! ne faites pas aussi bonne bouche à ce maraud, messieurs, car ce bonheur que vous lui enviez, je tiens de lui, dans un moment d'ivresse, qu'il ne l'a jamais goûté, et que, jusqu'alors, le drôle n'a été le mari de sa femme, que de nom seulement, dit d'Escouffe.

— Impossible! impossible! ou alors, le cher amphitryon n'aurait ni sang ni feu dans le corps.

— Voyons, homme très positif, rappelle un instant la raison à ton aide ; enfin, fais trêve à l'ivresse, s'il se peut, et avoue que, privé de sens, de cœur, n'ayant rien autre que l'intérêt qui bat chez toi, tu n'as jamais songé à profiter du trésor dont l'effet imbécile du hasard t'a fait l'heureux et indigne possesseur? interroge un des convives.

— A vous la déraison, à moi la prudence et le calcul ; à vous la mission d'escompter votre jeunesse et votre fortune, mais à moi le grand art de résister à la tentation, celui de ne point sacrifier à un instant de volupté l'idole dont je suis possesseur et que chacun encense, l'idole dont les charmes et la pureté doublent cent fois le prix de sa personne ainsi que ma fortune, prononça lentement Laridon, tout en s'humectant à plusieurs reprises les lèvres d'un certain vin de Xérès dont il tenait un verre plein.

—J'espère, messieurs, que semblable réponse vous suffit pour bien connaître et apprécier l'homme et son infâme excuse? Ainsi, ce drôle convient à notre nez, à notre barbe, qu'aux dépens des gens de bien il exploite les charmes et la virginité de sa femme. Avouez donc avec moi, mes amis, qu'il serait agréable de punir ce faquin, en lui ravissant l'intéressante et trop belle créature, dont il fait un aussi vil trafic des charmes et de la possession, dit le marquis d'Escouffe.

— En venant à bout de se faire aimer d'elle, en la ravissant à la domination de son maraud d'époux, observe un convive.

— Ma foi !... ce serait bonne justice, messieurs, que d'arracher à ce pourceau la perle précieuse qu'il traîne dans la fange et dont il expose sans cesse la pureté à devenir la proie de quelque goujat enrichi, fait entendre de Valbranche.

— Bien ! très bien ! mes bons amis, allez

votre train, gouaillez, insultez tout à votre aise, jeunes imprudents ; oubliez que pour me venger et punir vos insolents sarcasmes, je tiens dans mes mains le fil de votre avenir, la boîte d'où s'échappent aujourd'hui ces titres, ces places, ces honneurs auxquels vous aspirez tous ; oubliez que de ma protection dépend votre sort et la réussite de vos ambitieux projets.

A ces mots, prononcés par Laridon et accompagnés d'un rire satanique, chaque convive s'apercevant qu'il s'était trop avancé, que l'amphitryon qu'ils insultaient n'était pas encore à bout de raison, baissa le nez et pinça les lèvres.

— A boire et souvent ! amis, reprit Brizard presque aussitôt avec gaîté et insouciance, en présentant son verre vide au marquis d'Escouffe, qui s'empressa de lui verser rasade.

Tandis que les choses se passaient ainsi et que les verres s'entrechoquaient au bruit des cris des convives de son mari, Denise continuait de prier avec ferveur, lorsqu'un valet, le seul qui lui portât quelque intérêt parmi tous ceux qui étaient au service de la maison, pénétra en silence dans l'oratoire pour lui présenter une lettre à son adresse, qu'un étranger venait d'apporter avec recommandation expresse de ne la remettre qu'à elle seule et en particulier.

Le valet s'étan retiré, Denise s'occupa de briser avec insouciance le cachet de la dite lettre, pensant ne rencontrer dedans que des phrases galantes et banales, enfin une déclaration d'amour accompagnée d'offres brillantes, ainsi qu'elle en recevait chaque jour et à chaque heure, langage insultant, audacieux que ce croyait en droit d'adresser à la femme d'un Laridon chaque homme riche, puissant et amoureux, missives outrageantes pour sa vertu, pour sa fierté, et que Denise, après en avoir deviné le sens du premier coup-d'œil, s'empressait ordinairement de mettre en morceaux et de jeter loin d'elle avec indignation. Mais, cette fois, à peine la jeune femme eut-elle aperçu la signature placée au bas de ladite lettre, qu'un cri de surprise, presque de joie, s'échappa de son sein et qu'avec empressement elle se mit à lire.

— Oh ! oui, oui, j'irai à ce rendez-vous, car il m'écoutera, il me croira lui ; il me justifiera aux yeux du cruel qui ose me croire coupable et devenue indigne de son estime ! s'écria Denise avec feu pour ensuite jeter un regard sur une pendule qui alors marquait deux heures après midi. Trois heures encore d'attente avant de me rendre au lieu qu'il m'indique; ah ! quelles seront longues à s'écouler ! se mit à murmurer Denise en soupirant.

Déjà l'aiguille avait deux fois fait le tour du cadran, lorsque la jeune femme, occupée d'une sainte lecture, vit s'ouvrir brusquement la porte de son oratoire, seul lieu dans lequel son mari daignait ordinairement respecter sa solitude, et paraître ce dernier dans un état complet d'ivresse, le sourire de la stupidité, et de l'abrutissement sur les lèvres.

— Ne... te dé... dérange pas, beauté fière et cru... cruelle..; je te trouve infiniment volup... tueuse dans cette po... pose enchanteresse et propice à l'a... l'amour, disait Laridon en s'approchant de Denise qui surprise, assise et penchée sur une chaise longue, s'était empressée de se lever à la vue de son mari, pour ensuite fixer cet homme avec frayeur et dégoût, puis l'interroger sur le but de sa visite.

— Ce que je veux? un baiser, ma colombe, le premier que j'au... jaurai reçu de toi ; puis, cé soir, que tu... tu me reçoive dans ta couche enchanteresse ainsi

que doit le faire une fem.... femme sou....
mise aux vo... lontés de son sei... seigneur et maître.

— Monsieur ! se mit alors à s'écrier Denise avec effroi et hors d'elle.

— Oui, oui ! je conçois la sur... surprise; mais c'est ainsi, car ils m'ont tous... tous fait honte, ils m'ont... ils m'ont ap... appelé sans... sans cœur, et je veux leur prouver que ma... ma femme est à moi... Ce coquin de d'Escouffe, il y... y aura de quoi le faire crever de... de rage, lui qui... est amoureux de toi en diable... Et de Valbranche donc, qui en.... en tient.. oh! mais il en ti... tient... Allons, baise-moi, ma... ma mie, et qu'ils en crèvent tous de dé... dépit...

En disant ainsi, Laridon saisissait Denise par la taille ; Denise qui, pour échapper à un baiser empesté, s'empressa de s'arracher à l'étreinte amoureuse de Laridon pour courir, pâle et tremblante, se réfugier à l'extrémité de l'oratoire.

— Eh bien ! des façons, de la pru... pruderie, chère beauté; corbleu ! il faut cé... céder, ou malheur alors ! reprend le mari en allant se jeter sur la chaise longue pour s'y étendre paresseusement. Allons, viens ici, viens, et que tes caresses soient le... le doux prélude du... du bon... bonheur que tu me réserves cette nuit... ah ! ils sont tous amoureux de toi ! Ah! ils me raillent, les beaux muguets !... Bien ! mes chers amis, à vous le dé... désir, les œillades, les sou... soupirs langoureux; mais à moi...

moi la possession et la... la réali... té... Viendras-tu, lorsque je t'appelle? ajouta Laridon d'une voix de tonnerre en s'adressant à la craintive Denise qui, tremblante, se tenait tapisedans un coin et n'avait garde de se rendre à l'invitation. Un million et plus en caisse, la plus belle femme de France et de Navarre, une terre, un hôtel, des chevaux, tout cela à moi, bien à moi, à leurs... à leurs dépens, les niais, et ils me... méprisent, ils... m'ap... m'appellent manant.. Un titre, maintenant! je veux un titre, me fai.. faire marquis.., duc, oui... duc!... Parfait! parfait! ah! ah! ah! ah! ils en crèveront... en crèveront... de dépit...

Ces derniers mots à peine achevés, Laridon cédait au sommeil de l'ivresse, et

Denise, après avoir remercié le ciel par un doux regard adressé au Christ suspendu au-dessus de son prie-dieu, s'échappa vivement et en silence de son oratoire, pour peu d'instants après quitter l'hôtel et se diriger seule et à pied vers la Place-Royale où, à peine arrivée, une main se plaça sur son bras pour arrêter sa marche précipitée.

— Denise ! fit alors entendre une voix.

— Vous, monsieur Montigny ? ah ! le ciel soit loué, car c'est lui qui vous envoie à mon secours, s'écria Denise après avoir reconnu le jeune homme.

—Ainsi, toujours bonne, confiante, vous

avez daigné venir à ce rendez-vous que vous demandait ma lettre de tantôt ?

— Avec empressement, monsieur, enfin comme le doit faire l'opprimé lorsqu'un protecteur l'appelle.

— Denise, nous avons beaucoup à nous dire, veuillez donc me suivre dans certaine demeure située non loin d'ici, où il nous sera permis de causer en sûreté et tout à notre aise ?

— Conduisez-moi, monsieur, je vous suivrai sans aucune crainte.

Et sur cette réponse, Montigny prit le bras de la jeune femme, qu'il conduisit d'un pas rapide et en silence jusqu'au boulevart du Temple, où il l'introduisit dans la maison et dans la chambre de Manette, chambre dont il avait la clé sur lui après l'avoir reçue de la danseuse qui, pour cette entrevue, lui avait prêté sa demeure en toute confiance. Bientôt assis, près l'un de l'autre, Montigny voyant Denise en larmes, commença ainsi :

— Denise, pourquoi ces pleurs ?

— Je suis si malheureuse ! répondit cette dernière.

— Oh ! je le sais ; votre mari est un infâme, et vous la plus vertueuse des femmes.

— Quoi ! monsieur, ainsi que tant d'autres vous ne croyez pas la pauvre Denise une femme perdue, immorale et sans pudeur, la maîtresse du roi, enfin, après avoir été celle de tous les hommes de la cour ?

— Non, Denise; car je le répète, je crois fermement que vous n'avez jamais failli à la vertu et que vous êtes digne en tout de l'adoration d'un homme de bien.

— Oh ! vous avez raison, monsieur; Denise, la pauvre Denise tant méprisée, est encore digne de toute votre estime, car son honneur est intact, et son cœur, sa personne aussi purs que le jour où vous vous séparâtes d'elle pour ne plus la revoir qu'aujourd'hui.

— Hélas! pourquoi alors, pauvre femme, avoir accepté le rôle déshonorant que vous a imposé un indigne époux? pourquoi toute votre volonté, votre courage ne se sont-ils pas opposés à cet outrage, en demandant secours et protection à vos amis... Denise, vous gardez le silence, vous craignez de m'instruire et de m'ouvrir votre cœur?..

— Ah! ne m'interrogez pas, monsieur; qu'il vous suffise de savoir qu'une horrible fatalité, en m'arrachant malgré moi au bonheur, à mes plus chères espérances. m'a faite l'esclave asservie de celui qu'il m'a fallu accepter pour mari, de l'homme implacable, dont la volonté de fer ordonne, menace et tue si je n'obéis, répond la jeune femme avec force et désespoir.

—Denise je vous ai entendue dire, jadis, que la mort vous serait préférable au déshonneur; et cependant, lorsque ce dernier a atteint votre réputation, vous n'avez point su mourir, dit Montigny en fixant attentivement la jeune femme.

Mourir! oh oui! tel fut mon vœu le plus ardent, celui que je forme encore chaque jour; mais ce bienfait ne m'est point encore permis.

— Car il vous faut vivre pour que votre

père vive, n'est-ce pas, pauvre femme? pour que le déshonneur du médecin Minard ne s'accomplisse pas, enfin, pour soustraire l'auteur de vos jours à une mort ignominieuse, à l'échafaud?...

En écoutant ces derniers mots, Denise poussa un cri affreux et faillit perdre connaissance dans les bras de Montigny, qui s'empressa de la secourir et de la rappeler à la vie.

— Calmez cet effroi, chassez toutes craintes de votre ame, chère Denise! car moi seul et votre odieux mari connaissons cet horrible mystère, ce secret affreux devant lequel vous courbez la tête, et duquel vous payez le silence du plus pénible et du plus douloureux asservissement. Ah! parlez-moi sans feinte et sans trembler, car je suis le libérateur que le ciel vous envoie, celui qu'il a choisi pour vous rendre honneur et liberté, pour châtier l'infâme qui a été assez barbare pour vous arracher sans pitié à vos amours, à une union fortunée et désirée de votre cœur.

—Mon Dieu! mon Dieu! vous menacez, vous parlez de châtiment! Au nom du ciel, gardez-vous, monsieur, d'irriter mon époux, de m'attirer encore plus de haine et de malheur de sa part; songez bien que ce misérable est capable de tout; enfin, que de sa volonté dépendent la vie ou la mort de mon père! s'écrie Denise alarmée et suppliante.

— Ainsi, sous l'empire de cette crainte,

vous consentez, madame, à rester éternellement la victime de Brizard, à continuer d'obéir à ses volontés déshonorantes et à ses caprices infâmes?

— Oui, tant que mon père existera; pour lui, pour le sauver! murmura Denise en soupirant.

— Pauvre femme, armez-vous donc de tout votre courage, et apprenez enfin que cette tâche cruelle et sublime que vous vous êtes imposée est terminée, car votre père n'existe plus.

— Mon père est mort! ô ciel! malheur! malheur! s'écria Denise à cette nouvelle, pour ensuite tomber à genoux et perdre tous sentiments.

— Oh! je te rendrai à l'honneur, au bonheur, pauvre femme! je le jure en ce moment, à Dieu, à Dieu qui, prenant pitié de toi, me secondera dans cette sainte tâche, murmura alors Montigny en s'emparant de Denise pour aller la déposer sur un lit et ensuite courir appeler du secours.

X.

Enquête et duel.

Le lendemain de son entrevue avec Denise, Montigny se présentait à Versailles où l'appelait une audience particulière du roi, faveur réclamée par lui et que le monarque bienveillant s'empressait de lui accorder.

— Vous à Versailles, mon brave ; y venez-vous entendre les reproches que méritent de ma part votre désertion et votre peu de dévouement à ma personne, ce que m'a prouvé votre retraite précipitée, lorsque c'était avec satisfaction que je vous comptais parmi le nombre de mes fidèles mousquetaires ? fit entendre le roi en voyant paraître le jeune homme.

— Sire, mon sang et ma vie à votre service, au moindre mot de Votre Majesté ; quant à ma retraite, veuillez me la pardonner et ne vous en prendre qu'à mon mince patrimoine, qui ne m'a pas permis de soutenir plus longtemps les charges que m'imposait le noble corps où votre bienveillance avait daigné me placer...

— Vous n'avez donc pas de fortune, Montigny?...

— Fort peu, Sire, mais suffisamment pour aller vivre ignoré dans ma province.

— A votre âge? dit le Roi surpris.

— Sire, contre mes goûts; mais nécessité fait loi.

— C'est juste. Ah ça, que venez-vous me demander?

— En quoi, Sire, j'ai pu m'attirer votre disgrâce et vos rigueurs; enfin, ce que personne jusqu'alors n'a pu m'apprendre, et ce qui m'a décidé à venir m'en informer auprès de Votre Majesté.

— Ma disgrâce, mes rigueurs ! mais il n'a jamais été question de tout cela de ma part envers vous que j'estime et dont je n'ai toujours eu qu'à me louer.

— Alors, Sire, veuillez donc me faire connaître ce qui m'a valu les huit mois de prison que je viens de faire à la Bastille, où l'on m'a écroué de par votre ordre et votre volonté suprême.

— Corbleu ! croyez bien, jeune homme, que jamais ma volonté n'a été telle, s'écrie Louis XV. impatient ; puis, reprenant : Je vois, dit-il, mon brave ami, que vous avez été la victime de quelque petite vengeance de coterie de la part de ces hommes qui ne rougissent pas d'abuser de mon nom et de l'autorité que la nécessité me force de placer dans leurs mains, pour la faire tourner à leur profit et tourmenter mon pauvre peuple qui certes ne manque jamais de s'en prendre à moi des abus qu'on exerce injustement à son égard ; mais tranquillisez-vous, mon cher Montigny, car vous n'avez rien perdu de mes affections, et jaloux de réparer, autant que possible, le mal que des méchants vous ont fait en mon nom, vous n'avez qu'à choisir et à demander tel emploi, telle place qu'il vous plaira d'occuper pour l'obtenir à l'instant même de notre royale personne.

— Ah ! Sire, que de bonté, s'écrie Montigny en tombant aux genoux du Roi.

— Relevez-vous, mon ami, et parlez sans crainte.

— Sire, il y a en moi un but, une idée fixe, enfin un impatient désir de connaitre la main d'où est parti l'ordre de mon arrestation.

— Sans doute pour vous donner le plaisir d'une petite vengeance? Croyez-moi, jeune homme, il est beau de pardonner et prudent de ne point irriter un ennemi puissant ainsi que le doit être celui qui vous a joué ce vilain tour.

— Sire, votre justice n'est-elle pas là pour me protéger?

— D'accord, mais ils ont le bras long et la bouche muette quand ils le veulent, et quoique je sois le maître, on ne me dit pas tout ce qui se fait ni tout ce qui arrive.

— Sire, je vous le répète, je tiens infiniment à connaître celui qui m'a privé de ma liberté, non pour me venger de lui, mais pour apprendre de sa bouche la faute qui m'a attiré une aussi sévère punition que celle qu'on m'a fait endurer.

— Soupçonnez-vous quelqu'un? Ne pouvez-vous m'éclairer?

— Sire, je ne puis vous signaler que le comte d'Argenson, de qui j'ai déjoué certain soir les intentions galantes, en proté-

une jeune et vertueuse fille contre ses entreprises amoureuses, et c'est le même soir que j'ai été arrêté en rentrant chez moi.

— Justement, d'Argenson, mandé par moi, est en ce moment à Versailles ; allez le trouver de ma part et sommez-le, en mon nom, de vous exposer les griefs qui vous ont attiré sa sévérité. S'il se refuse à vous satisfaire, venez aussitôt m'en instruire... Quant à votre fortune, reposez-vous sur moi du soin de l'améliorer. Allez, mon jeune ami, allez.

Montigny, sur ces paroles, prit congé du Roi, puis, hardi et joyeux, s'en fut à la recherche du comte d'Argenson qu'il rencontra à la chancellerie, et à qui, il demanda au nom du Roi, un instant d'entretien particulier que le ministre s'empressa de lui accorder de la façon la plus gracieuse.

—Monseigneur, ce n'est pas assez que Sa Majesté m'ait autorisé à venir vous adresser une simple question qu'elle n'a pu résoudre, il me faut encore une permission que je réclame de votre bienveillance, dit le jeune homme se voyant seul avec le ministre.

— Parlez, mon cher Montigny, je vous permets et je vous écoute.

— Monseigneur, je vous dirai donc que je désire apprendre, de votre bouche, en quoi j'ai pu démériter de vos bonnes grâces

geant et quelle faute m'a valu de votre part une détention de huit mois à la Bastille.

— Huit mois de Bastille, mais c'est affreux! Croyez, mon cher Montigny, que ce n'est point à moi que vous êtes redevable de cette longue et pénible captivité; que loin d'avoir démérité dans mon estime, ainsi qu'il vous plaît de le dire, jamais, au contraire, je n'ai cessé de ressentir en votre faveur une amitié profonde et sincère.

— Même en dépit de certaine petite discussion qui s'éleva entre nous un soir dans la demeure du docteur Minard?

— Ah! ah! je me rappelle! à l'occasion

de la jolie Denise, dont vous vous fîtes, en cette circonstance, le chevalier et le défenseur, dit en riant d'Argenson.

— C'est cela même, monseigneur.

— Non, mon jeune ami, car votre conduite alors fut celle d'un honnête homme, et loin de vous attirer ma colère, elle ne fit que doubler l'estime que je vous ai toujours portée; cependant, rencontrant en vous un obstacle à mes entreprises amoureuses, j'avouerai, avec franchise, qu'un instant vous éveillâtes mon courroux, mais cet injuste sentiment tarda peu à s'appaiser pour faire place aussitôt à une meilleure disposition.

— Et cependant, monseigneur, le soir même je fus arrêté, emprisonné, de quelle part? je ne sus jamais rien.

— Moi je le devine, et je vous nommerai, comme étant votre persécuteur et l'unique auteur de votre captivité, le nommé Brizard Laridon, un misérable dont vous et moi avons été les victimes et les dupes, un drôle enfin qui, aujourd'hui, grâce à son audace, à son intrigue, plus encore à la beauté de sa femme, jouit à la cour d'un crédit illimité.

— Grand merci, monseigneur, de ce renseignement. Mais un mot encore... Que pensez-vous de la femme de cet homme et quel cas faites-vous de sa vertu?

— Je la plains d'appartenir à un pareil manant; je l'admire et la déclare la plus honnête comme la plus vertueuse femme du monde.

— Je pense absolument comme vous, monseigneur; oui, Denise est un ange dans les griffes d'un démon, et je me suis imposé la tâche de l'en arracher.

— Noble pensée, mon cher Montigny, mais rappelez-vous que le démon est bien fin et que vous avez affaire à forte partie, répliqua le ministre de qui, après un quart d'heure encore d'une conversation amicale, Montigny prit congé pour se diriger aussitôt vers la rue des Trois-Pavillons, où il pénétra dans l'hôtel de Brizard.

— Holà! valet, ton maître est-il au logis? s'informa le jeune homme au premier domestique qu'il aperçut dans la cour.

— Non, monsieur Montigny, mon maître n'est pas chez lui en ce moment.

— Tu sais mon nom? tu me connais?... En effet, je te remets, tu es Laramé, mon ancien valet de chambre.

— Moi-même, qui ai eu cet honneur, répond le valet en souriant et saluant.

— Et tu es aujourd'hui au service du sieur Brizard!

— Faute de mieux pour le moment, monseigneur; mais s'il vous plaisait de me réintégrer auprès de votre honorable personne, dans mes anciennes fonctions, parlez, je suis tout à votre service.

— Je ne dis pas non ; mais un peu plus tard, mon garçon, car en ce moment, ma fortune délabrée m'impose inhumainement le soin de me servir moi-même... Ah! ça, tu dis donc que ton maître est absent?

— Oui, monseigneur.

— Quand doit-il rentrer?

— Nous l'ignorons, monseigneur, car

vous saurez que le cher homme est en ce moment à la recherche de sa femme qui s'est enfuie de chez lui dans la journée d'hier.

— Ah! ah! et que pense Laridon de cette disparition?

— Il jure, tempête, il est d'une colère épouvantable ; quant à nous autres valets, qui depuis longtemps aimons et plaignons la pauvre femme, nous formons tout bas des vœux pour qu'elle échappe à la tyrannie de ce méchant mari et pour qu'il ne puisse la retrouver.

— Laramé, tes dispositions me plaisent, fais en sorte que je me rencontre avec

Brizard et il sera possible que ton vœu, ainsi que celui de tes camarades s'accomplissent promptement.

— Ma foi, monseigneur, malgré tout le désir que j'éprouve de le voir se réaliser, je ne puis vous préciser au juste que la demeure de sa maîtresse, où vous puissiez rencontrer celui que vous cherchez.

— Sa maîtresse ! mais n'est-ce point une nommée Estelle, une ex-danseuse du boulevart?

— Juste, monseigneur, dont la demeure est située Vieille-Rue-du-Temple, non loin d'ici. Quelques mots encore au valet et Montigny quitta l'hôtel de Brizard, pour diriger ses pas du côté de la Vieille-Rue-du-Temple, en murmurant tout bas et avec animation.

— Oh ! je la retrouverai, je la retrouverai, et alors malheur au faquin !

Une maison de fort belle apparence, dans laquelle pénétra notre ex-mousquetaire, où, après avoir demandé la faveur de parler à la maîtresse du lieu, il fut introduit par un petit jockey et d'une façon assez mystérieuse, dans une chambre élégamment meublée, dans laquelle le laissa ce dernier ponr aller l'annoncer à Estelle, qui, au nom de Montigny, son ancien amant, donna aussitôt au jockey l'ordre de l'introduire auprès d'elle.

Montigny, conduit par le petit valet au charmant et coquet boudoir d'Estelle, y aperçut aussitôt la jolie femme couchée paresseusement sur une ottomane de satin, et vêtue de la façon la plus gracieuse comme la plus élégante. Estelle, en voyant paraître Montigny, l'accueillit avec le plus aimable sourire en lui présentant sa jolie main à presser en signe d'amitié.

— Enfin, vous voici donc, méchant; d'où venez-vous, depuis un siècle que vous m'avez abandonnée sans daigner m'en prévenir? interrogea Estelle en faisant un signe au jeune homme de venir s'asseoir près d'elle, après avoir vu s'éloigner son jockey.

— D'où je viens, ma toute belle? De la Bastille, où m'a fait enfermer un misérable, sans seulement me donner le temps de faire mes adieux à mes amis.

— A la Bastille! ô ciel! Et qu'aviez-vous fait, hélas! pour encourir cette punition?

— J'avais pris le parti d'une jeune et vertueuse fille contre des libertins qui voulaient attenter à son honneur.

— Rien que cela! pauvre ami? reprit

l'ex-danseuse, d'un ton plaintif, en jetant son bras autour du cou de Montigny pour l'attirer à elle et lui donner un baiser que le jeune homme ne daigna pas lui rendre.

— A ce qu'il paraît, ma toute belle, vous avez mis mon absence à profit, et la fortune vous est devenue favorable, à en juger par le luxe de votre demeure ?

— Oui, mon chéri ; grâce au ciel, j'ai su faire la conquête d'un seigneur riche et généreux qui me comble d'or et d'amour, mais dont l'humeur brutal me contraint de marcher droit et à sa guise.

— Serait-il jaloux ?

— Pas positivement ; cependant, si le malheur voulait qu'il rencontrât un homme chez moi, je pense qu'il ne se ferait aucun scrupule de le jeter par la fenêtre.

— Diable ! tel est donc le sort qui me serait réservé, si ce redoutable adorateur me surprenait ici et à vos côtés.

— Cher ami, je vous sais trop brave pour croire que vous enduriez un semblable traitement ; en tout cas, vous n'avez rien à redouter en ce moment, et sans aucune crainte, nous pouvons nous livrer au plaisir que nous inspire notre réunion, car mon entreteneur, tout entier à la recherche de sa femme qui s'est enfuie de chez lui, ne pense nullement aujourd'hui à venir troubler notre heureux tête-à-tête.

— Et sans doute que cette femme l'aura quitté pour suivre un amant ? interroge Montigny.

— Non pas, mais pour se réfugier dans un couvent d'où, lui a-t-elle écrit, elle est décidée à attendre que les lois aient prononcé, entre elle et lui, une séparation de corps.

— Peste ! et que pense cet homme d'une semblable décision?

— Elle l'exaspère ; mais ce qui l'a mis

plus en fureur, a été d'apprendre la mort du père de sa femme, un vieux médecin qu'il estimait fort, à en juger par le regret qu'il éprouve de sa perte.

— Perdre à la fois une femme et un ami qu'on aime, je conçois que la chose est cruelle.

— Oh! ce n'est pas qu'il soit fort amoureux de sa moitié, mais ce qu'il regrette le plus, sont les immenses avantages qu'il retirait des charmes de cette femme, qui n'est autre que la belle Denise, dont vous devez avoir entendu parler à la cour comme à la ville.

— En effet, je la connais quelque peu.

Montigny venait de prononcer ces derniers mots, lorsque le petit jockey se précipita tout effaré dans le boudoir, pour prévenir Estelle que *Monsieur* venait d'arriver et qu'il était sur ses talons. A cette nouvelle, Estelle pâlit, se lève, et tremblante supplie Montigny de se cacher au plus vîte, mais le jeune homme de lui répondre par un grand éclat de rire en portant la main sur la garde de son épée.

L'ex-danseuse, plus pâle que la mort, se disposait à renouveler sa prière lorsque Brizard, le chapeau mis de travers, le sourcil froncé, le visage renversé, furieux, se présenta sur le seuil de la porte pour toiser Montigny de la tête aux pieds d'un regard insolent.

— Eh bien! ne me reconnais-tu pas, manant? fit entendre Montigny en s'avançant bravement sur Laridon.

—Oui, je vous remets maintenant; mais cela ne m'explique pas ce que vous venez faire ici, répond Brizard.

— Je suis venu pour t'y chercher et te demander raison des huit mois de Bastille que tu m'as fait faire, maître fourbe; enfin, j'y suis venu pour te cracher à la face et te tuer comme un chien, service que je veux rendre à la société en la débarrassant d'un misérable de ton espèce, qui...

— Halte-là! jeune homme, car vous venez de m'en dire cent fois plus qu'il n'en faut pour mériter l'honneur de vous mesurer avec moi; mais avant de dégainer, savez-vous que quiconque ose s'en prendre à moi est mort et enterré ?

— Je sais que tu es un bretteur, un misérable, un être infâme, digne tout au plus de mourir sous le bâton d'un honnête homme ; mais, comme j'ai juré que tu n'en échapperais pas, je consens à souiller mon épée de ton sang, quitte de la briser après.

— Ah ! ah ! En garde donc, insolent muguet ! s'écria Laridon furieux, en tirant son épée.

— Est-ce donc ici que tu veux te battre,

chevalier d'industrie ? demanda Montigny.

— Certes, et pour en terminer plus vîte, répondit Brizard.

— Allons donc, s'écria alors Montigny en croisant son fer contre celui de son adversaire.

Alors, et malgré les prières d'Estelle, un combat acharné s'engagea à l'instant même. Laridon et Montigny, guidés par la fureur, se menaçant du regard et du fer, se poussaient, s'escrimaient l'un et l'autre avec adresse et vigueur, tandis que les cris de l'ex-danseuse, en jetant l'alarme dans toute la maison, faisaient accourir les voisins pour être témoins de la chûte de Montigny.

à qui Laridon venait de passer son épée au travers du corps.

— Mort! mort! s'écrièrent alors les personnes présentes en se penchant sur le jeune homme, lequel, étendu sur le parquet, ne donnait plus signe de vie et perdait son sang à longs flots.

— Vîte, un chirurgien! s'écria une voix à laquelle Laridon, en s'éloignant, répondit par un grand éclat de rire.

XI

Liberté.

Antonin de Courvale, depuis huit jours, n'ayant pas revu ni entendu parler de Montigny et fort inquiet de cette nouvelle disparition, craignant qu'il ne fût arrivé quelque fâcheuse aventure à son ami, Antonin donc s'était empressé de se mettre à la recherche du jeune homme, lorsque, avant d'avoir rien encore appris sur le sort de cet ami, il reçut une lettre d'Auxerre, dans laquelle on lui annonçait que sa mère était dangereusement malade et qu'il eût à se rendre au plus tôt auprès d'elle s'il voulait la retrouver encore vivante et recevoir sa bénédiction; nouvelle qui vint le glacer de douleur, de crainte et lui faire oublier Montigny et pour prendre aussitôt la poste après avoir à la hâte fait ses adieux aux époux Gobinac qu'il laissait en assez mauvais accord.

Or, il y avait donc à peu près trois semaines que le jeune baron de Courvale avait quitté le toit de ses hôtes, lorsqu'un matin et en l'absence de Gobinac, on vint annoncer à l'épouse de ce dernier que le marquis de Lireuil sollicitait l'honneur de lui présenter ses respects et de lui faire sa cour respectueuse. Surprise autant qu'enchantée de cette visite inattendue, l'ex-comtesse de Ricmann s'empressa de se placer à sa toilette, afin de réparer au plus vite le désordre de sa coiffure, pour ensuite donner ordre à ses gens d'introduire le noble visiteur dans lequel elle vit paraître un homme bien fait, élégant, aux manières nobles et distinguées, lequel s'empressa de la saluer humblement le sourire sur les lèvres.

— Mille et un pardons, adorable dame ; céleste créature, si, sans avoir l'honneur d'être connu de vous, je prends l'excessive liberté de venir déposer mes hommages à vos pieds.

— Ya, ya, che gombrendre fort bien ; vous havre entendu barler de moi et vous venez me féliciter ; pon ! pon !

— Oui, adorable dame, c'est à la cour, dans les cercles les plus brillants qu'en effet j'ai entendu chaque bouche faire votre éloge, vanter vos charmes, vos vertus, et parler de vos malheurs domestiques, ce qui m'a décidé, moi, marquis de Lireuil, à venir vous offrir mes consolations, fit entendre le marquis en prenant délicatement et familièrement la main de la dame pour la porter à ses lèvres et y déposer un baiser.

— Ya, vous havre beaucoup de galanterie et che havre, moi, infiniment de blaisir à faire votre connaissance. A bropos, de quels malheurs domestiques vous havre blaint moi, marquis de Lireuil? interrogea l'allemande, d'un petit air sentimental.

— Eh! ne sait-on pas en tout lieu qu'un époux dont vous avez fait le sort et la fortune, vous récompense par l'ingratitude, l'abandon et la perfidie.

— Ya, ya, cette betite Gobinac havre bas ditout de reconnaissance.

— Hélas! que ne m'a-t-il été permis de vous connaître plus tôt, d'admirer vos charmes, vos grâces, vos vertus et votre esprit! Combien, alors, il m'eût été doux et précieux, ô femme admirable, séduisante, divine! de déposer à vos pieds mon cœur, ma main, mon rang et ma fortune, s'écriait le marquis avec feu et presqu'agenouillé devant la grosse femme qui, émue, tremblante de joie et plus rouge qu'un homard, souriait au sé- séducteur auquel elle abandonnait sa main..

— Ya, ya, tout cela havre été peaucoup d'honneur bour moi; mais il est trop tard, hélas! se mit à soupirer la dame.

— Ah! si prenant mes regrets et ma douleur en pitié, vous daigniez, au moins, m'accorder dans votre cœur cette place que j'ambitionne avec transport, reprit le marquis d'un accent passionné.

— Ya, ya ; mais ma betite mari ?

— Votre mari ! un infâme ! un perfide indigne de vous ! un homme qui, se jouant de votre tendresse, de votre confiance, vous trompe indignement ! un misérable qui prodigue à une autre femme votre or et les caresses qu'il vous dérobe ! ah ! fi !

— Blait-il ? mon betite mari infidèle ! s'écrie la dame, devenant encore plus rouge et de qui le regard venait subitement de s'animer de l'expression de la colère.

— Oui, charmante créature, votre époux est un volage, un monstre qui vous trompe et entretient une danseuse dont il est amoureux fou, auprès de laquelle il passe tout le temps qu'il vous dérobe.

— Bas possible! bas possible! de s'écrier l'allemande, en proie à une vive agitation, et en se levant brusquement pour parcourir la chambre à grands pas.

— Eh bien, je m'engage à vous faire surprendre, aujourd'hui même, le perfide dans les bras de sa maîtresse, mais à la condition, ô mon adorable amie! que vous daignerez déverser sur moi un peu de cet amour que j'envie, duquel votre infidèle s'est rendu indigne.

— Ya, ya ; mais faites voir tout de suite, afin d'arracher les yeux à cette betite scélérate.

— Suivez-moi donc, madame !

Là-dessus, la dame, presque folle, et sans prendre le temps de couvrir sa tête ni ses épaules, courut s'élancer dans le carrosse du marquis de Lireuil et, assise à côté de ce dernier, elle se laissa entraîner vers le boulevart du Temple où les chevaux furent s'arrêter à la porte de Manette, la danseuse.

Ayant sauté le premier en bas du carrosse, le marquis s'empressa d'aider la grosse femme à s'arracher de la boîte roulante pour ensuite pénétrer avec elle dans la demeure de la danseuse, gravir la montée et s'introduire vivement dans le petit appartement dont une servante venait de leur ouvrir la porte.

Le perfide marquis, instruit et guidé, sans doute, par un mauvais génie, avait ma foi bien choisi son temps, car, au moment même où l'allemande pénétrait dans la chambre à coucher de la danseuse, Gobinac était amoureusement dans le lit et dans les bras de sa maîtresse.

Surpris en flagrant délit, médusé par

l'apparition de sa femme, l'infortuné mari n'eut que la force de s'enfoncer au fond du lit où il tarda peu à ressentir les terribles effets du courroux conjugal, par les coups de bâton, qui tombaient sur lui comme la grêle, malgré les cris et les efforts de Manette qui, pour échapper à sa part de correction, s'était empressée de sauter en bas du lit, et en chemise, luttait de tous ses efforts contre la femme de son amant.

Mais, durant cette scène, où donc était le marquis dénonciateur? Dans son carrosse, où il avait été se réfugier aussitôt après avoir introduit l'allemande chez sa rivale, et en train de rouler, tout en riant seul et aux éclats.

Lasse de frapper, madame Gobinac donna enfin le temps à son mari, moulu, rompu, contusionné, de sortir de sa cachette, d'où elle menaçait de l'arracher.

Quant à la danseuse, voyant la femme légitime et offensée se disposer à tourner son courroux contre elle, elle avait jugé plus convenable de gagner la porte et de disparaître, laissant les deux époux maîtres des lieux et libre de s'arranger comme bon leur semblerait.

Ce fut donc au bruit des injures et des menaces dont sa femme l'accablait que le pauvre Gobinac, honteux et penaud, termina sa toilette pour ensuite suivre la dame, la bouche muette et l'oreille basse.

Ne retrouvant plus le carrosse du marquis, ce fut dans une voiture de place que l'allemande se réfugia, pour regagner sa demeure, après y avoir fait monter son mari le premier.

De retour au logis, grande et violente scène, pleurs, désespoir de la part de l'épouse, enfin rupture complète. Huit jours après ces derniers événements, Gobinac n'habitait plus avec sa femme et plaidait contre elle en séparation de corps; deux jours encore et un des valets de l'ex-comtesse, dévoué à Gobinac, lequel lui servait d'espion, venait le trouver en cachette pour lui apprendre qu'un espèce de marquis de Lireuil, après l'avoir trahi auprès de sa femme, venait encore chaque jour en conter à la dame avec laquelle il paraissait au mieux.

— Sandis ! sérais-je cocu ? s'était écrié Gobinac à cette nouvelle ; au surplus, jé m'en fiche ; mais, cé qui m'occupe lé plus est dé connaître cé marquis, et de lui faire payer sa perfidie.

En réponse à ces mots, le valet lui fit observer que cet homme, venant tous les soirs faire sa cour à sa dame, il lui serait facile, après s'être introduit nuitamment dans l'hôtel, de surprendre ledit marquis, et d'une pièce voisine, entendre sa conversation avec l'ex-comtesse.

Cette proposition acceptée, Gobinac, le soir du même jour et aidé par le valet, pénétra dans la demeure conjugale, où il fut se cacher dans un petit cabinet de toilette, situé derrière l'alcôve de la chambre à coucher, pièce dans laquelle sa femme avait coutume de donner audience au marquis. Quelques minutes d'attente, et Gobinac, qui jusqu'alors n'avait fait que d'entendre sa légitime soupirer et murmurer, dans l'attente du marquis, tarda peu, au travers d'un petit vitrage masqué par un rideau de claire mousseline, à voir arriver le marquis dans qui, avec autant de surprise que de colère, il reconnut Brizard

Laridon, lequel, empressé et galant, s'en vint en souriant de l'air le plus aimable, baiser la main de la grosse allemande, puis s'asseoir près d'elle pour entourer sa taille d'un bras amoureux.

— Eh bien, beauté rare, comment avons-nous passé cette journée? Quant à moi, dans l'attente de me réunir à vous, elle m'a parue longue d'un siècle.

— Moi aussi, che havre, ma chère, trouvé le temps peaucoup longue.

— Ah ! que ce soir vous êtes encore plus admirable ; que ces yeux sont beaux et lutins d'expression, quelle bouche! quel teint! quelle taille divine! d'honneur, ma toute adorable, vous êtes le type du beau et du gracieux. En disant ainsi, d'un ton passionné, Laridon pressait la dame sur son cœur.

— Che admire votre galanterie, marquis, che havre pien envie de vous aimer; mais hélas! vous êtes beut-être aussi une betite volage comme mon gredin de betite mari?

— Ah! qu'osez-vous dire, ma divine, moi infidèle, oh! jamais! A propos, avez-vous parlé aujourd'hui à votre notaire, concernant les fonds qu'il doit vous compter et que vous devez lancer dans la grande entreprise dont je vous ai parlé? s'informe Brizard.

— Ya, ya, il remboursera à moi cent mille livres.

— Que je viendrai prendre pour en faire aussitôt emploi, ma toute délicieuse reine de mon cœur et de ma pensée !

— Allons, finissez, betite badine, dit la dame en s'opposant très faiblement aux galants larcins que se permettait Brizard.

— Finir ! finir ! lorsque ma passion est extrême, lorsque je meurs d'amour et de désirs? Impossible, beauté sévère! ah ! sois moins cruelle et plus sensible à ma flamme, daigne céder à mes transports brûlants ! Tout en disant ainsi, Laridon allait un train de poste, et la grosse femme aux abois, de qui le séducteur culbutait l'indécision était prête à succomber, lorsque, après avoir ouvert brusquement la porte du cabinet, Gobinac furieux s'élança sur Brizard, l'épée à la main.

— Ma betite mari! s'écria alors l'Allemande effrayée.

— Holà! l'ami, à bas ce fer avec lequel tu pourrais te blesser, dit Brizard d'un air plaisant et sardonique en retenant le bras de Gobinac.

—Canaille! Brigand! il faut qué jé té

tue, qué tu mé paies aujourd'hui tout les mauvais traits qué tu m'as faits ! qué jé venge Minard, Dénise, l'ami dé Courvale, enfin tous ceux dont tu as fait lé malheur.

Tandis que Gobinac disait ainsi en luttant contre Laridon, sa femme agitait toutes les sonnettes afin d'attirer ses gens.

— Ainsi, pauvre innocent, tu tiens absolument à te battre avec moi !

— Oui, sandis !

—Alors, recommande ton âme à Dieu

ou au Diable, dit Brizard en lâchant Gobinac pour tirer son épée et se mettre en garde.

Ce fut alors que notre gascon, à qui la fureur donnait force et courage en cet instant, sans plus attendre, par un coup furieux, enfonça son épée jusqu'à la garde dans la poitrine de Brizard qui poussa un cri et tomba à la renverse. Gobinac se disposait à recommencer lorsque les valets, accourus en foule, retinrent son bras vainqueur.

— Sandis! cadédis! laissez-moi, mes amis, achéver cette canaille maudite! céla dans l'intérêt de la société, s'écriait Gobinac en se débattant, tandis que sa grosse moitié perdait connaissance.

— Inutile, car cet homme rend le dernier soupir, dit un valet.

— Capédious ! jé l'ai tué, dis-tu, Bastien ? interrogea avec effroi Gobinac, en se baissant à son tour sur Laridon.

— Tué sans miséricorde, répondirent les valets.

— Alors, au revoir, mes amis, jé mé sauve !

Cela dit, le gascon prit ses jambes à son cou et disparut.

XI.

Conclusion.

Huit jours après la mort de Laridon, un jeune homme d'une pâleur extrême descendait d'un carrosse public rue de la Roquette et à la porte du couvent des sœurs hospitalières. Après s'être introduit dans la sainte maison et traîné jusqu'au parloir, le jeune visiteur demanda Denise Minard, qu'il désirait entretenir de choses importantes; et la sœur tourière, après l'avoir invité à s'asseoir, la quitta pour aller l'annoncer à celle qu'il désirait voir.

Un instant d'attente et Denise, toujours belle, quoique un peu souffrante et entièrement vêtue de deuil, se présenta au parloir où elle poussa un cri de joie et de surprise en reconnaissant Montigny.

— Vous! vous enfin, mon cher protecteur! après un abandon de trois mois! O ciel! quel changement s'est opéré dans vos traits! Vous venez donc d'être malade? auriez-vous beaucoup souffert? hélas! ah! parlez, rassurez-moi vite, disait la jeune femme alarmée en pressant avec tendresse et aménité les mains du jeune homme dans les siennes, en le fixant avec douleur et intérêt.

—Oui, chère Denise, j'ai bien souffert, et je viens d'échapper au tombeau après trois mois d'horribles douleurs; au tombeau où a failli me faire descendre pour toujours l'affreuse blessure que m'a faite votre infâme époux à qui, pour vous venger, je voulais donner la mort; mais qui, plus adroit que moi, m'a percé de son fer.

— Hélas! et vous ne m'avez point fait

appeler à votre secours lorsqu'il m'eût été si doux de vous prodiguer mes soins. Ah ! que j'étais injuste lorsque, ne vous voyant pas venir à moi, je vous accusais d'indifférence et d'oubli.

— Moi, indifférent ! moi, vous oublier ! Denise ; oh ! jamais ! mais j'étais mourant, sans connaissance, incapable de prononcer un mot, de tracer une ligne ; telle est la cause de mon long silence, ma douce amie ; mais, ce matin, à mon réveil, j'ai béni le ciel en me sentant force et courage, en entendant le médecin m'ordonner l'exercice et de prendre l'air ; alors, j'ai pensé à vous, Denise, à vous qui m'attendiez, m'accusiez d'abandon ; et je me suis mis en route pour cette hospitalière demeure, où je vous ai amenée, il y a trois mois, afin de vous soustraire à l'horrible domination de votre mari et dans laquelle je craignais ne plus vous retrouver.

— Oh! je n'aurais eu garde de la quitter; on est si bien ici, au milieu de ces filles célestes, de ces âmes pures et saintes, qui toutes s'efforçaient de consoler mon cœur désolé; et puis, ne vous attendais-je pas, vous, mon unique ami, mon seul soutien; vous qui m'aviez promis protection et d'intéresser les lois en ma faveur, de faire prononcer une séparation éternelle entre mon bourreau et moi.

— Denise, cette séparation est prononcée, et c'est la justice du ciel qui a tout fait. Apprenez que votre mari n'existe plus; qu'il y a huit jours, Gobinac, après l'avoir surpris chez la comtesse de Ricmann, sa femme, lui a donné la mort dans un duel...

— Mort! cet homme est mort! O mon Dieu! prenez pitié de son âme et pardonnez-lui comme je lui pardonne! s'écria Denise en tombant à genoux.

— Oui, vous êtes libre, Denise, libre désormais de vous unir à celui que votre cœur aime, à ce cher de Courvale qui, sans doute, n'a pas cessé de vous aimer aussi. Préparez-vous donc à quitter ce couvent pour qu'il me soit permis de vous conduire dans les bras d'un ami de qui votre précieuse possession fera le bonheur suprême.

— Ah! que me proposez-vous, monsieur, lorsque vous ne pouvez ignorer le mépris dont Antonin a osé m'abreuver, lorsqu'il m'a cru coupable, indigne de son estime, et qu'à la face, le cruel m'a jeté l'insulte et l'outrage? répondit tristement Denise les yeux noyés de larmes abondantes.

— Oh! n'importe; venez, car vous lui direz : Je suis innocente, je n'ai jamais failli à la vertu, et il vous croira, Denise.

— Erreur! car je le lui ai dit, je le lui

ai juré et il ne m'a pas crue, répliqua douloureusement la jeune femme.

— Denise, ayant appris, il y a trois jours, qu'Antonin avait quitté Paris pour courir au secours de sa mère malade, je me suis empressé d'écrire à cet ami afin de vous justifier à ses yeux et pour lui apprendre votre veuvage. Or donc, attendez-vous à le voir accourir et tomber à vos pieds; alors, Denise, aurez-vous le courage et la cruauté de le repousser?

— Il ne viendra pas; non, il ne viendra pas, répliqua Denise avec amertume.

— Oui, oui, il viendra, et c'est chez

vous, dans cet hôtel, dont la mort de votre mari vous rend maîtresse, qu'il faut de ce pas, venir l'attendre et le recevoir, reprit Montigny avec persuasion.

— Eh bien ! j'y consens, mais pour revenir m'enfermer pour toujours dans cette sainte demeure et y prendre le voile lorsque j'aurai essuyé de nouveau les dédains de monsieur de Courvale.

— Ainsi, renonçant au monde, vous oublierez même jusqu'au pauvre Montigny qui vous est tout dévoué, et, sans pitié, vous le condamnerez à ne plus vous revoir? dit en soupirant le jeune homme.

— Hélas ! vous-même ne devez-vous pas bientôt quitter Paris, et dans votre province, aller vous unir à quelque sage et douce jeune fille; que ferai-je alors seule, seule au monde?

— Denise, si jamais de Courvale se refusait à vous croire, s'il osait encore douter de votre vertu, refuser votre main, je vous dirais alors, chère Denise!...

— Eh bien! que me diriez-vous? demanda la jeune femme en voyant Montigny s'arrêter et baisser les yeux.

— Je vous dirais, Denise : moi aussi, je suis seul au monde; ne consentez-vous pas à unir votre sort au mien en devenant ma compagne chérie? reprit le jeune homme avec timidité.

— Monsieur Montigny, partons ; quittons ce couvent et allons attendre l'arrivée d'Antonin, répondit vivement Denise en présentant sa main au jeune homme qui la prit en tremblant et en soupirant tout bas : Hélas ! elle l'aime donc encore ! plus d'espoir, plus de bonheur pour moi !

Le deuxième jour après cet entretien, et Denise ayant quitté le couvent des Hospitalières pour rentrer dans le monde et habiter, non l'hôtel de son époux, mais une petite maison située dans un quartier retiré, Antonin arrivait à Paris et tombait dans les bras de Montigny.

— Denise, où est-elle? où est-elle, ami? parle, et qu'il me soit permis de tomber à ses pieds, de réparer envers elle mes torts et mon ingratitude, disait le jeune baron.

— Tu l'aimes encore, et plus juste à son égard, tu lui rends donc enfin ton estime?

— Grâce à toi, généreux ami, qui m'as ouvert les yeux et m'as prouvé qu'elle n'a jamais cessé d'être digne de mon amour.. O bonheur! elle est donc libre! elle va donc m'appartenir! Conçois-tu mon bonheur, mon cher Montigny ?

— Ta mère, revenue, ainsi que toi, à de meilleurs sentiments, consent donc à ton union avec elle?

— Oui, mon cher, cette bonne mère, rendue à la vie, à la santé, nous attend pour nous unir. Mais Denise, encore une fois, où est-elle?

— Je vais te conduire dans la retraite qu'elle s'est choisie et où tu vas paraître devant elle, où tu devras d'abord la remercier du bien qu'elle t'a fait, lorsque la croyant une femme corrompue, tu l'accablais de ton mépris.

— Le bien qu'elle m'a fait? dit Antonin surpris.

— Sans plus chercher, et pour mieux comprendre, apprends, Antonin, que Saint-Audry, cet officier dont tu vantais la générosité, à qui tu gardes si douce souvenance des services importants qu'il ta rendus, n'était autre que l'agent de Denise et le distributeur des bienfaits dont elle te comblait.

— Se pourrait-il?

— Oui, c'est à sa généreuse sollicitation que le roi, qui l'estime, a détruit l'action du procès qui menaçait d'engloutir ta fortune entière; c'est encore elle qui, par la bouche de Saint-André, t'a fait offrir honneur et emploi, elle qui, comblant tes vœux, m'a fait ouvrir les portes de la

Bastille où, sans sa généreuse protection, je languirais peut-être encore.

— Bonne Denise ! ah ! combien ne lui dois-je pas d'excuse et de reconnaissance ! Montigny, pense-tu qu'elle daignera me pardonner ?

— Je le pense, mais viens t'en assurer, ami. Cela dit, Montigny entraîna Antonin et tous deux se dirigèrent vers le quartier de l'Arsenal, où ils atteignirent une petite rue étroite et la maison qu'habitait Denise. Ce fut au fond d'un jardin et sous un berceau de chèvre-feuille, que les deux amis trouvèrent Denise assise, triste et pensive, où Antonin transporté, tomba aux genoux de la jeune femme qui poussa un cri de surprise en l'apercevant.

— Eh bien ! ne vous avais-je pas dit qu'il reviendrait, chère Denise ? fit entendre Montigny.

— Ajoute, repentant et plus épris que jamais... Denise, ma bien-aimée, daigneras-tu me pardonner une injuste prévention ? disait Antonin agenouillé et en pressant les mains de Denise qui, émue, tremblante, n'osait le fixer et détournait des yeux où roulaient de grosses larmes.

— Que venez-vous me demander, monsieur ? fit entendre la jeune veuve.

— Ton amour, ta précieuse possession ! reprit le jeune homme.

—Veuillez donc au moins, monsieur, m'apprendre ce qui m'a valu ce retour à votre estime ? dit Denise avec froideur et sévérité.

— La parole de l'ami qui, ayant entrepris votre justification, a su vous montrer pure à mes yeux.

— Ainsi, la voix d'un autre a su trouver grâce pour moi à vos yeux, après que la mienne, sincère et suppliante, n'a pu obtenir de votre part qu'incrédulité et mépris, Monsieur de Courvale, votre repentir vient trop tard, car vos dédains ont tué dans mon cœur le tendre sentiment que vous aviez su y faire naître, enfin, ce n'est plus vous que j'aime.

A ces mots, Antonin frappé de surprise, se releva vivement.

— Alors, qui donc aimez-vous, madame? s'écria-t-il.

— Celui qui eut toujours confiance en ma vertu, qui me jugea incapable de faillir, et pour moi, pour m'arracher à un indigne époux, exposa sa vie; celui qui, ami sincère et généreux, tout en brûlant pour moi d'une flamme secrète, ne cessa de me parler en votre faveur; enfin, c'est Anatole de Montigny, à qui j'offre aujourd'hui mon cœur et ma main en lui apportant en dot le gouvernement de Saintonge, que le roi lui accorde pour prix de ses loyaux services.

— Denise ! chère Denise ! s'écria alors Montigny, ivre de joie et prêt à se jeter aux pieds de la jeune femme, mais que la pitié retint, en contemplant la douleur empreinte sur les traits d'Antonin.

— Ami, à chacun selon ses œuvres ; sois heureux, puisque mieux que moi tu as su t'en rendre digne ; va, que ma présence ne soit pas le sujet d'une pénible contrainte. Aime-là comme je l'eus toujours aimée, et vous sachant heureux, Antonin sera moins à plaindre, dit de Courvale en plaçant la main de Montigny dans celle de Denise pour s'enfuire aussitôt après, l'âme douloureusement affectée.

Six mois après cette dernière scène, le baron de Montigny, gouverneur de Saintonge, épousait publiquement Denise Minard, le roi ayant signé au contrat. Antonin de Courvale, un an plus tard, et le temps ayant cicatrisé la plaie que la perte de Denise avait faite à son cœur, s'unissait à son tour à la fille d'un gentilhomme de la Bourgogne. Quant à Gobinac, le duelliste, dont Montigny avait sollicité et obtenu la grâce à sa rentrée en France, dont il s'était enfui la nuit même qu'il avait tué Brizard, notre gascon donc éprouva la vive satisfaction d'apprendre la mort de son épouse et que la chère dame, avant de trépasser, l'avait institué le légataire universel de ses biens, en compensation de toutes les tribulations qu'elle lui avait fait endurer.

FIN DU DEUXIÈME ET DERNIER VOLUME.

TABLE

DES

Chapitres contenus dans le deuxième volume.

CHAPITRE I. Suite du précédent 1
— II. Déception. 27
— III. L'art de bien solliciter. . . . 52
— IV. Plusieurs mois après. 103
— V. Entrevue. 127
— VI. Incidents divers. 167
— VII. Liberté. 187
— VIII. Le fou de Bicêtre. 255
— IX. Un protecteur. 275
— X. Enquête et duel. 303
— XI. Liberté. 338
— XII. Conclusion. 357

FIN DE LA TABLE DU DEUXIÈME ET DERNIER VOLUME.

Imp. de Delacour et Marchand frères, à Vaugirard.
Maison à Paris, rue St-Jacques, 80.

CHEZ LOCARD DAVI,

ÉDITEUR,

RUE DE LA HUCHETTE, 29, AU PREMIER.

ROMANS DÉPAREILLÉS

In-8° et in 12.

Imprimerie Dondey-Dupré, rue Saint-Louis, 46, au Marais.

www.ingramcontent.com/pod-product-compliance
Lightning Source LLC
Chambersburg PA
CBHW050421170426
43201CB00008B/494